MENSAGENS DO
universo

Renata Peixoto

MENSAGENS DO
universo

© 2025, Madras Editora Ltda.

Editor:
Wagner Veneziani Costa (*in memoriam*)

Produção e Capa:
Equipe Técnica Madras

Revisão:
Ana Paula Luccisano

Dados Internacionais de Catalogação na Publicação (CIP)
(Câmara Brasileira do Livro, SP, Brasil)

Peixoto, Renata Mensagens do universo / Renata Peixoto. -- São Paulo, SP : Madras Editora, 2025.
2ed.

ISBN 978-65-5620-066-8

1. Desenvolvimento pessoal 2. Espiritualidade 3. Mensagens I. Título.

23-164602   CDD-153

Índices para catálogo sistemático:
1. Espiritualidade mística : Psicologia transpessoal 153
Tábata Alves da Silva - Bibliotecária - CRB-8/9253

É proibida a reprodução total ou parcial desta obra, de qualquer forma ou por qualquer meio eletrônico, mecânico, inclusive por meio de processos xerográficos, incluindo ainda o uso da internet, sem a permissão expressa da Madras Editora, na pessoa de seu editor (Lei nº 9.610, de 19/2/1998).

Todos os direitos desta edição reservados pela

MADRAS EDITORA LTDA.
Rua Paulo Gonçalves, 88 – Santana
CEP: 02403-020 – São Paulo/SP
Tel.: (11) 2281-5555 – (11) 98128-7754
www.madras.com.br

Como Usar Este Livro

Este livro traz mensagens
do universo
diretamente para o seu coração.
Você pode utilizá-lo diariamente
da seguinte maneira:
Pense em uma questão,
feche os olhos, respire fundo,
abra o livro e a resposta chegará.

Este ciclo se inicia trazendo a energia da transformação. Alguns ciclos de sua vida estão chegando ao fim, o que abre caminho para infinitas possibilidades de crescimento. Confie no empurrão que a vida está lhe dando, siga a sua intuição e tome atitudes positivas para viver e cumprir o seu propósito de vida. Em breve muita coisa fará sentido, então, não tema e comece a agradecer por esse novo ciclo em sua vida.

Você está sendo convidado a desacelerar e voltar para o seu centro. Sei que a ansiedade está batendo, mas ela é um indicador para que você se cuide com mais amor e empatia. Tirar um tempo para se cuidar ou fazer absolutamente nada não é perda de tempo. Aprecie a sua companhia, veja a beleza que existe em você, honre a sua existência e respeite aquilo que sente sem julgamentos. Você vai sair desse período completamente fortalecido e com mais clareza.

Essa turbulência emocional que você enfrentou chegou ao fim, energias positivas e de renovação estão sendo enviadas para sua vida. Prepare-se para um novo ciclo, pois muitas manifestações se realizarão de todo seu coração por tudo que você viveu e por todas as experiências que se aproximam. A minha promessa se cumprirá em sua vida.

Entregue-me toda essa ansiedade e angústia. Tudo que está acontecendo é um trampolim para uma nova realidade. Eu suprirei você. Compreendo a sua dor e o convido a olhar sobre uma nova perspectiva, mantenha a gratidão em seu coração. Este momento é um convite para expandir a sua consciência e descobrir a sua verdadeira essência.

*Não tenha medo do novo. Sei que pode parecer desafiador pisar em solo desconhecido, mas você pediu por mudanças e elas chegaram e são para o seu bem maior. Ouça sua intuição, pois vou conduzi-lo por meio dela. Solte o passado, ele contribuiu com a sua história, e dele você levará os aprendizados e sua gratidão.
Pode confiar que já deu tudo certo.*

*Você está passando por um processo de limpeza emocional e, muitas vezes, pensa em desistir. Segure em minha mão e confie em minha providência. Esses processos são exatamente a sua cura, em breve você compreenderá como tudo foi importante para sua evolução.
Não desista de si mesmo, eu e minha equipe de luz estamos ao seu lado emanando todo amor que você merece.*

O que você deseja irá se manifestar da melhor e mais elevada maneira, assim que conseguir desapegar de situações que não fazem mais sentido em sua vida. Perceba que assim que você soltá-las deixará de sofrer e tudo seguirá o fluxo para o bem maior.
Confie: o que tenho para você é algo muito melhor do que possa imaginar.
Solte, desapegue e confie.

*Você está clamando por uma bênção e o que eu tenho para você é muito maior.
Um novo ciclo de realizações e manifestações se aproxima. Sinta-se verdadeiramente merecedor do que está para acontecer, é o seu sentimento que transforma e cria.
Você em nenhum momento ficará desamparado. Prepare-se.*

A mudança que você deseja ver no mundo começa em seu coração. Talvez o outro não tenha o mesmo ponto de vista que o seu ou não concorde com absolutamente nada do que você fale. Respeite o tempo de aprendizado de cada pessoa, ninguém está atrasado ou adiantado, está tudo fluindo na mais perfeita sincronicidade, cada flor desabrocha no seu tempo. Cuide de você e de seu autoconhecimento, essa é a sua contribuição na elevação vibratória do planeta.

Sabe aquilo que você deseja fazer e não sabe por onde começar? Dê o primeiro passo e lhe mostrarei o próximo degrau. Não há o que temer, o caminho da verdade sempre o guiará para onde sua alma deve estar.
A sua ação vai colocar a energia necessária em movimento para entrar no fluxo de manifestação. Você receberá o suporte necessário, confie e siga.

Logo tudo estará no seu devido lugar. Sei que seu coração está apertado, mas tenha certeza de que em breve a tempestade passará e você terá a convicção de que não o abandonei nenhum dia. Existem anjos ao seu redor lhe inspirando e cuidando de tudo. Nunca duvide do meu amor por você. Comece agradecendo por esse novo ciclo que se aproxima.

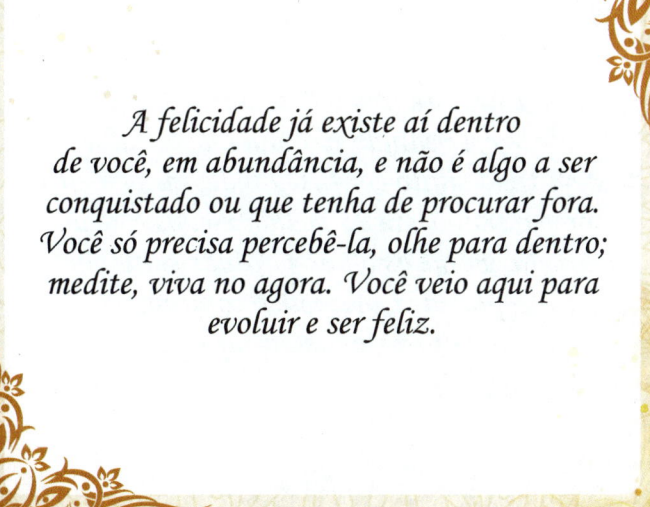

A felicidade já existe aí dentro de você, em abundância, e não é algo a ser conquistado ou que tenha de procurar fora. Você só precisa percebê-la, olhe para dentro; medite, viva no agora. Você veio aqui para evoluir e ser feliz.

Não se assuste com o desenrolar das coisas, você vem pedindo por mudanças, talvez esteja tudo muito confuso ainda, mas eu estou preparando tudo da melhor e mais elevada maneira. Feche os olhos e apenas sinta minha presença. Aquiete o coração, novos ventos estão surgindo.

Tudo está fluindo para o seu bem maior e progresso. Todos os acontecimentos estão agregando experiências para o que você está pedindo. Abrir mão do controle, bem como confiar em minha providência, é o que tornará o caminho mais leve. Você não precisa controlar tudo o que acontece ao seu redor. Confie, pois muitas portas se abrirão diante de você, apenas acredite e siga sua intuição.

Você está duvidando de sua capacidade e em algum momento deixou de acreditar que seus sonhos são realmente para você. Sugiro amorosamente que pare de se comparar com outras pessoas, cada um tem um caminho e seus aprendizados. Seu momento divino se aproxima. Você é um ser único, dotado de total capacidade de realização. Olhe para o que de fato deseja e diga para si mesmo: "Eu sou merecedor e tenho total capacidade de manifestar os meus sonhos".

*Não tenha medo das transformações e dos ciclos que estão se encerrando.
Você está passando por uma faxina interior, e faz parte do processo de cura liberar emoções acumuladas, velhos hábitos, pensamentos negativos e conexões prejudiciais.
Este é o momento de permitir. Fique em paz com sua transformação. Agradeça pelas bênçãos que estão chegando.*

Esta situação pela qual passa agora está lhe tirando o sono e trazendo muita angústia. Acalme-se, esse cenário está com os dias contados, muito em breve você terá as respostas de suas orações. Mantenha a sua fé inabalável, estou enviando o auxílio necessário. Você pode decidir agora mesmo entregar todas as preocupações em minhas mãos. Você se surpreenderá com as bênçãos que tenho para sua vida.

Talvez as coisas fujam do seu controle e de todo seu planejamento justamente para lhe mostrar a perspectiva da confiança. E que exatamente tudo que acontece – inclusive os desafios – tem um propósito muito maior. Acolha este momento, e perceba o quanto você é amado e amparado. Cuide de si e de sua energia. Observe o milagre que você recebe todos os dias chamado vida.

O silêncio aproxima você de sua verdadeira essência. Quando tem acesso a sua centelha você cresce, prospera e entra no campo das infinitas possibilidades. Entra em contato direto comigo por meio desse silêncio. Tire um tempo apenas para silenciar, e encontrará as respostas e as soluções para as situações desafiadoras. Um portal se abre hoje para você; entregue-me seus medos e eu lhe devolverei ideias para solucionar os problemas.

Você tem um poder incrível aí dentro de si. Possui sabedoria espiritual, força inegável e abundância de energia pronta para ser usada. Feche os olhos e visualize-se radiante, forte, bem-sucedido, feliz, cheio de alegria e vida. Deixe para trás o que passou e marque um novo ciclo a partir de agora. Agradeça e prepare-se. Você merece o melhor.

Por muito tempo você afastou suas bênçãos por não se sentir merecedor, mas essa Era acabou. Você merece o melhor, merece não só um pouco ou uma parte, mas também tudo o que é bom é seu por direito. Você é meu herdeiro, não está aqui para sofrer, mas para crescer, evoluir e viver com abundância, sim. Esse é o seu direito.

Palavra do dia: merecimento.

Você tem o que é preciso para aceitar a mudança que está acontecendo em sua vida. É da natureza humana querer controlar tudo e temer o desconhecido. Encontre coragem para seguir confiando que tudo faz parte de um plano maior. Esse primeiro passo pode ser desafiador, mas é necessário para que você possa enxergar as infinitas possibilidades que estão em seu caminho. Confie que essa transformação está abrindo espaço para a manifestação que você deseja.
Você não está desamparado, siga em frente.

Este ciclo se inicia trazendo a energia do acolhimento e do não julgamento. Seu processo pode ser leve, deixe os julgamentos de lado, eles não agregam nada em sua caminhada. Perceba que absolutamente tudo é uma experiência que o leva aos próximos níveis de consciência. Nesse mês, você vai decidir quebrar as barreiras que o limitam de seguir com o coração em paz.
A espiritualidade estará auxiliando-o, enviando amor e luz durante esse processo.

Esses processos de limpeza e liberação emocional fazem parte do caminho de expansão e, também, são um reencontro com a sua verdadeira essência. Você está despertando e se recordando de quem realmente é. Por muito tempo, acreditou que os seus sonhos não eram para você e, muitas vezes, foi tomado por um sentimento de incapacidade, mas essa fase chegou ao fim. Agora, você percebe poder e luz dentro de si.

Há caminhos que precisam ser trilhados por você. No fundo, seu coração sabe qual caminho seguir, mas o peso sobre o que podem pensar de você acaba paralisando suas atitudes. Saiba que eu não o julgo, e toda a prosperidade que você busca se manifestará em sua vida assim que tiver a coragem de ouvir a sua centelha divina. Tome posse de tudo que é seu por direito, assumindo a sua direção.
Você tem o meu amparo.

Pare de colocar limite de tempo em sua vida, muitas vezes você coloca pressão e limites totalmente desnecessários. Tudo fluirá sincronicamente quando abandonar a comparação do seu bastidor com o palco do outro. Ninguém está atrasado ou adiantado. Tape seus ouvidos a toda pressão externa e liberte-se. Você está se alinhando com o seu tempo divino, e já adianto que será tempo de muitas realizações. Acalme o coração.

Toda essa movimentação em sua vida é para impulsioná-lo ao que tanto deseja. Tudo está em movimento, sua expansão está acontecendo e não dá mais para continuar no passado, enquanto aquilo de que precisa está no aqui e agora. Você clamou por mudanças e elas já estão acontecendo. Acalme seu coração, tudo está se resolvendo e prepare-se para uma chuva de bênçãos. Movimente-se com a confiança de que você é guiado.

Aquela porta que se fechou foi um redirecionamento para algo ainda melhor. Aprenda a ouvir sua intuição, e deixe as coisas acontecerem da melhor e mais elevada maneira. Nada dá errado, aprenda a confiar e logo tudo começará a fazer sentido. Você ficará maravilhado com o desfecho desta situação. Confie!

Você não precisa esconder ou negar a dor, suas emoções mostram o caminho de cura e transcendência. Sei o quanto você está segurando este choro, mas hoje eu lhe digo: esse choro é a melhor maneira que seu corpo encontra para liberar todos essas emoções. A cura chega quando você tem coragem de assumir, com toda verdade do seu coração, o que sente. Estarei sempre com você, em nenhum momento me descuido.

Palavra do dia: liberação.

O seu caminho é único e não deve ser medido pela caminhada do outro. Não caia na ilusão da comparação, existe um tempo e um caminho para cada um.
A sua essência é um presente divino, honre e agradeça pela sua existência e por sua história. Os caminhos estão sendo abertos para você, aproveite as oportunidades que muitas vezes surgem em forma de imprevistos.
Chegou o momento de expandir.

Não se apegue aos ciclos que estão sendo finalizados. O apego gera sofrimento desnecessário para o seu coração. Ninguém consegue impedir o fluxo de um rio, então por qual motivo ainda se apega tanto ao que está saindo de sua vida? Não se preocupe ou se apegue com o que está finalizando. Muitas coisas farão sentido em breve. Solte e deixe que a vida siga o fluxo. Muitas novidades estão chegando a sua jornada.

Eu já disse alguns "nãos" para você e, acredite, foi um redirecionamento para um caminho mais adequado. Sei que há momentos em que tudo parece ruir, mas absolutamente nada acontece sem ter um propósito maior. Sua mente está cansada, pois está vagando no passado, pensando no que poderia ter acontecido ou não. Solte e aquiete-se. Estou aqui para dizer que tudo ficará bem.

*Mesmo que tudo esteja uma bagunça aí dentro de si e por mais que você não veja uma saída, sinta minha presença sussurrando em seu ouvido: o meu amor por você é maior que toda essa tempestade, confie que por meio dela outros caminhos vão surgir.
Estou enviando muito amor incondicional para você neste momento: sinta.*

Você pede por mudanças, mas teme a transformação. Ciclos se encerram e você está sendo direcionado para o que deseja. Talvez o caminho não seja linear como você desenhou, mas posso lhe afirmar que tudo que está acontecendo vai valer a pena.

Levante a cabeça, confie mais em si mesmo e em sua intuição. As respostas de suas orações chegam quando você está receptivo e aberto.

Abra-se para as novidades que estão chegando à sua vida.

Ainda que o seu coração esteja aflito, eu convido você a me entregar todo esse peso. Libere espaço para que a paz entre e faça morada. Muitas coisas deixaram de fazer sentido para você. Esse é um momento de renovação em vários aspectos de sua vida, solte tudo o que o impede de ser mais empático com o seu processo. Alegre-se, é tempo de florescer e eu honrarei a sua fé.

*Não permita que sua realidade o leve a pensar que seus sonhos não se manifestarão. Você é mais forte que tudo isso e está sendo convidado a olhar além dos desafios. Saiba que qualquer coisa que aconteça fora do seu planejamento é uma bênção disfarçada de algo maior que espera por você.
Espere pacientemente como alguém que compreende que tudo acontece para o bem maior.*

Há um propósito em tudo, embora você ainda não consiga enxergar o propósito maior de tudo que está acontecendo. Volte ao seu centro e apenas observe sem se apegar ou julgar. Não questione os caminhos que estão se apresentando, apenas mantenha o foco em seu coração. O momento pede que você entregue, confie e agradeça. Você está amparado.

Seja verdadeiro consigo mesmo e viva de acordo com a sua essência. Dance no ritmo do seu coração e confie que suas orações serão respondidas, muitas vezes da forma mais improvável e inesperada.
Suas manifestações irão se realizar da melhor e da mais elevada maneira. Acredite.

Os seus sonhos são todos possíveis de se realizar. Por mais desafiadores que eles possam parecer, são possíveis. Dê o primeiro passo com confiança, você será surpreendido com o desfecho de tudo. Sinta-se merecedor do que há de melhor. Tempere sua manifestação com ação, confiança e bastante amor. Vem muita coisa boa por aí: prepare-se.

Você está passando por grandes transformações agora, sei que está tudo muito confuso aí dentro. Venho por meio desta mensagem dizer para que acolha seus sentimentos com amor, não negue seus processos de cura, pois é por intermédio desse acolhimento que você vai transcender sombra e luz. Vai ficar tudo bem.

Fique atento aos sinais e às orientações passados por meio de sonhos, intuições e sentimentos. Confie que tudo está fluindo atrás do plano divino em sua vida, e você está totalmente amparado em todos os sentidos. Você não está sozinho.

É preciso coragem para abrir novas portas e gerar oportunidades. Você está próximo de um novo ciclo, agora é necessário abrir mão do passado e se permitir experienciar aquilo que vem pedindo. Pode parecer desafiador soltar, mas lembre-se de que você não pode controlar nada e que está tudo bem. Todas as mudanças que estão ocorrendo serão para o seu bem maior, as quais enriquecerão sua vida.

Não existe jeito certo ou errado para conversar comigo. Você pode estar cantando, meditando ou, até mesmo, caminhando na rua, se houver presença e amor ali eu estarei soprando intuições e bons sentimentos em seu coração. Estou presente em todos os lugares, e toda vez que você consegue perceber e sentir, mais inabalável fica a sua fé. Aquilo que seu coração deseja genuinamente vai se manifestar. Esta é a resposta que me pediu.

Este momento está convidando você para uma reforma íntima, não é tempo de adiar. Chegou a hora de manifestar a sua verdade, sei o quanto o medo paira em seu coração trazendo ansiedade e angústia, mas o antídoto para esse instante é: amor, fé e oração, a qual vem do seu coração. Você sairá transformado e renascido. Abra mão do controle para que tudo flua da melhor e mais elevada maneira. Isso vai passar.

*Hoje se inicia um ciclo de transformação e expansão da consciência. Tire um momento do dia para se conectar com a fonte criadora, pare, silencie e mentalize uma luz envolvendo todo seu corpo.
Este é o momento de se alinhar e elevar a sua frequência. Estamos enviando muito amor incondicional para você neste instante.*

Não duvide de sua capacidade.
Sei o quanto está cansado e com o coração apertado, não pense que esqueci de você. Você resistiu aos dias mais desafiadores, e está chegando o momento de muita paz e equilíbrio em sua vida. Acredite que é merecedor da vida que deseja, você possui as habilidades necessárias para isso. Hora de levantar a cabeça e agradecer por tudo que se foi e por tudo que está chegando.

Você é maior que todo esse desafio emocional que está enfrentando. Acolha com amor esses sentimentos e ressignifique cada um, essa dor logo passará e, a partir de hoje, toda cura interior de que necessita chegará até você. Sinta-se amado e amparado por mim, existem anjos cuidando de você o tempo todo. Mudanças estão por vir: prepare-se.

A vida é sobre soltar e confiar.
Essa dor que você experienciou foi um empurrão para o seu propósito.
Esse anseio para evoluir é um avanço para cumprir o seu destino. Essa fé aí dentro de si é o que vai levá-lo para a manifestação dos seus sonhos. Não importa em que fase esteja, o universo está trabalhando em parceria com você para que tudo aconteça da melhor e mais elevada maneira. Confie!

É você o comandante da sua vida,
e é você que escolhe o caminho.
Chega de culpa. Se você errou e tomou consciência do que fez, aprenda com essa situação, se perdoe, levante a cabeça e siga em frente. Oportunidades incríveis estão chegando à sua vida, assim que você se libertar desse peso da culpa. Você agiu com a consciência que tinha, olha só o quanto já evoluiu. Você merece o que há de melhor, esse é o seu direito.

Todos os dias de tempestade chegam ao fim. Embora possam parecer longos e intermináveis, eles sempre terminam trazendo muita luz. Sei o quanto você está preocupado com tudo que está acontecendo, mas abra mão do controle, ele não lhe faz bem. Você e toda a sua trajetória serão honrados, em breve terá clareza e equilíbrio, aquiete seu coração, pois bons ventos se aproximam. Confie que o melhor sempre acontece para o seu bem maior.

Estou aqui para falar e tocar seu coração. Acredite: você é um vencedor. Não importa o quanto aquela "vozinha" tente colocá-lo para baixo ou impor limites em seus sonhos. Sei dos dias de aperto no coração e nó na garganta, você é maior que tudo isso, seu propósito é lindo. Você chegará aonde sua mente jamais imaginou.

*Muitas emoções estão chegando à superfície justamente para que você possa acolhê-las, esse movimento traz luz ao que estava reprimido. Apenas observe sem julgá-las, faz parte do processo de cura.
Depois da tempestade o tempo sempre se abre. Tudo é necessário e tem um papel fundamental em sua caminhada.
Você ficará maravilhado com as soluções que estão chegando, graças à sua coragem de enxergar e ressignificar o que precisa ser olhado. Prepare-se.*

Aceitação é diferente de inércia. Quando algo acontece de forma contrária às suas expectativas, muitas vezes, você entra em resistência e acaba indo contra o fluxo natural que, na maioria dos casos, é um redirecionamento para o que tanto almeja. Aceitação faz com que você não entre em resistência, mas ela não impede que você aja. Acalme seu coração e confie na fluência divina. O amparo está chegando de onde você menos imagina.

Por meio de sua confiança e fé você verá a materialização de seus sonhos. Sei que já desacreditou de si mesmo em vários momentos, mas que nada o impeça de ver o quanto é capaz de acessar a abundância que é sua por direito. Que você tenha coragem para abraçar o novo, e perceber que o início de um novo ciclo lhe traz infinitas possibilidades de crescimento. Neste momento, sinta meu amor em sua totalidade
transbordando em todo seu ser.

Grandes mudanças estão acontecendo, esse é um convite para você soltar o que não faz mais sentido em sua vida e abrir espaço para o novo. Para que novas energias cheguem, é preciso uma limpeza de tudo aquilo que o impede de sorrir. Libere o perdão, incluindo o seu próprio, entenda que ciclos terminam e novos se iniciam, desde que você esteja aberto para o novo.

Sua vida está caminhando em direção a seus sonhos e objetivos. Você pode até achar que tudo está desabando, mas acredite em mim, logo entenderá os acontecimentos. Tudo que alcançará será ainda melhor do que imagina, confie nos seus planos. Eu não me esqueci de você. Conte com o meu amor e amparo. Mantenha sua fé e gratidão em ação.

Recomeçar é necessário, você tem tudo de que precisa para se reerguer da melhor e mais elevada maneira. Comece com o que você tem e jamais pense em desistir.

Tudo que é feito com amor, verdade e propósito cresce e floresce. Você não ficará desamparado nenhum dia sequer.

Conte com meu apoio e amparo.

Em breve, você entenderá o propósito de tudo que está acontecendo. Confie e aguarde.

Esses desafios querem lhe mostrar algo, mas com os olhos do medo você ainda não consegue enxergar. Permita-se olhar de forma diferente para os desafios e se pergunte: o que eu desejo aprender passando por isso? Não permita que o medo e a insegurança ofusquem sua visão. Há milagre e aprendizado em tudo. Você pode se conectar à consciência divina sempre, silencie e todas as respostas vão surgir. Confie de todo seu coração. Você está iniciando uma nova fase.

Você não precisa se comparar com ninguém, você é único e esse é o seu poder. O seu momento divino está se alinhando e tudo ficará mais claro. Tenho um mundo de infinitas possibilidades lhe esperando, basta que você perceba que não está em uma competição, mas que veio a este plano para expandir a consciência e ser a sua melhor versão.

O mundo não está contra você. Quem coloca limites em seus sonhos é a sua mente. Você não está separado da fonte criadora, você faz parte dessa energia universal, porém, precisa senti-la em cada célula do seu ser.
No entanto, isso só é possível quando olha para dentro e se conecta com a sua verdadeira essência.

Sei que está vivendo um período de intensas transformações, mas de grande evolução e expansão. Existem momentos em que você pensa ter perdido o chão. É nessa hora que descobre que tem asas e pode alçar voos maiores. Você merece o melhor, então, prepare-se para receber o que é seu por direito.

Cair na comparação pode lhe trazer ansiedade e sofrimento desnecessários. Entenda que tenho um caminho especial para cada um de vocês, não há motivos para se comparar com outras pessoas. Você está evoluindo e crescendo de maneira incrível, mesmo que não perceba. Olhe o quanto já percorreu e o quanto de aprendizados vem tirando. Compara-se apenas com o seu EU de antes. Seu momento divino está chegando, aproveite a caminhada.

Tudo que está acontecendo, de certa forma, o convida para o fortalecimento de sua autoconfiança. Gostaria que por apenas um dia tivesse a mesma visão que tenho de você. Você é um ser único e essa é a sua maior força, não há por que se comparar, abandone hoje mesmo todo excesso de cobrança e julgamento. Não busque aprovação e validação do externo, tudo isso vem do seu verdadeiro acolhimento e respeito por sua existência. Erga a cabeça, um novo tempo está chegando.

Liberte-se da ilusão da culpa, ela drena suas energias. Tudo aquilo que dói e incomoda quer trazer luz para a sua consciência. Ninguém é culpado pelos sentimentos que você alimenta dentro de si, você tem todas as habilidades necessárias para gerir suas emoções. Essas emoções querem lhe mostrar algo que precisa ser integrado e não negado dentro de si mesmo. Esteja aberto, pois eu garanto a sua vitória.

Mesmo que não perceba, você está no meio de uma grande transformação. Todo seu empenho para trabalhar questões internas está prestes a dar frutos. Nada do que aconteceu foi em vão. Você está pronto para abandonar velhos padrões e dar passagem para o seu verdadeiro eu. Abrace cada etapa dessa grande transformação. Vai valer a pena.

*Você se conecta com o seu verdadeiro propósito toda vez que ouve seu coração e honra a sua verdade. Pode ser que, em vários momentos, sinta culpa por sentir tanto. Muitas vezes, você reprime emoções que precisam ser liberadas e acaba repetindo algumas lições. Tenha amor com o seu processo e acolha suas emoções.
Essa é a verdadeira cura.*

Seja paciente com o seu processo. Você está fazendo o que pode com o que tem. Talvez acredite que está demorando mais do que imaginou para aquela realização que só eu e você sabemos acontecer. Você vai se surpreender, confie no meu tempo, está tudo certo. Não se compare com os outros, o que você vê como vitória é apenas um fragmento da vida de outra pessoa. Você vai chegar lá em breve.

Muitas coisas estão lhe sendo reveladas de diferentes formas. Você está despertando e percebendo o quão poderoso você é. Todos os acontecimentos durante o caminho estão iluminando a sua chegada, observe cada aprendizado. Chegou o momento em que você começará a desconstruir crenças de não merecimento. Está percebendo que merece o que há de melhor e está se movimentando para isso. É hora de brilhar.

Enquanto você tiver a necessidade de estar no controle de tudo, a vida será sempre encarada como um desafio trabalhoso. Nada está sob controle! Confie na fonte criadora de tudo o que é, e que tudo vem a você com felicidade, alegria e glória. Saia do controle, solte para o universo e, em pouco tempo, verá que a vida é leve e que sua caminhada pode ser alegre. Acredite, o universo quer lhe dar o melhor sempre.

De maneira muito amorosa, convido você a soltar todas as preocupações que estão lhe tirando a paz. Entregue todo medo e ansiedade; aprenda que você não pode controlar o fluxo da vida; confie que eu tenho um caminho abundante para você, e agradeça de todo seu coração por tudo que tem e por tudo que se aproxima. Quanto mais você confia, mais se alinha com a sua intuição.

Confie que as decisões que você está tomando são as mais elevadas no momento.
Elas o estão colocando em alinhamento com o que você merece e deseja. As pessoas e as situações certas se apresentarão a você quando menos esperar. Deixe o que passou e leve apenas os aprendizados dos últimos meses. Muitas oportunidades estão chegando, esteja preparado para agir.

Este momento é apenas uma preparação para aquilo que vem me pedindo.
Se você recebesse tudo o que sempre quis neste mesmo segundo, ainda haveria partes de sua alma que se sentiriam insatisfeitas.
Diminua a velocidade e aprecie cada etapa de sua jornada. Agradecer quando a bênção chega é satisfatório sim, mas experimente apreciar o tempo e cada experiência, essa é a verdadeira magia. Confie.

*Quando você sair da tempestade, não será a mesma pessoa que entrou nela.
Essa tempestade está fazendo-o crescer e evoluir, fique atento a tudo que possa aprender com o que vem acontecendo.
O que eu estou preparando para você vale a pena esperar. Alegre-se, confie no processo e no meu tempo.*

Não há competição.
Não se compare aos outros, pois isso adiciona uma pressão totalmente desnecessária. Sua jornada é exclusiva para você. Esteja em paz com o lugar onde você esteve; seja feliz com onde você está atualmente; e fique animado com o lugar para onde está indo. Porque, realmente, alguns de seus melhores dias ainda estão por vir. Determine: o melhor está por vir.

Lembre-se de agradecer.
Agradeça pela cura, pela clareza,
pela paz, pela sabedoria e pela orientação;
pela abundância, pela criatividade, pela luz
e pelo amor. Não seja tímido em suas
orações ou em suas manifestações.
Seja ousado. Seja positivo. Seja grato, porque
tudo o que você está manifestando
está chegando até você. Lembre-se de que
você é obra da criação divina e merece
sempre o melhor.

Você está ansiando por mudanças, da mesma forma que as flores anseiam pelo Sol. Você está começando a reconhecer os padrões negativos que, inconscientemente, incorporou à sua vida e está determinado a mudá-los. Você começa a sentir a energia de um novo ciclo assumindo o controle de sua própria vida e está retomando o seu poder pessoal; parece que um peso está sendo retirado de suas costas. Prepare-se para esta nova fase.

Talvez você ainda não entenda o motivo pelo qual esta situação desafiadora esteja acontecendo, mas ela veio para conduzi-lo para a sua melhor versão. Você está expandindo muito sua consciência e, em certas horas, se questiona: "por que estou pensando e agindo de forma diferente?". Nós estamos conduzindo-o pelo caminho da verdade, esse é o caminho do seu coração. Em breve tudo ficará claro para você, acalme seu coração e prepare-se, pois uma nova fase vem chegando.

Seja paciente com o seu processo. Você está expandindo sua consciência. Talvez esteja sem forças por achar que está demorando mais do que você pensava para conseguir aquilo que deseja manifestar. Tente não se comparar aos outros e ao que eles estão fazendo. As coisas vão acontecer e fluir para você na hora certa. Confie nisso. Você vai chegar lá em breve.

Não transfira o poder de decidir o que é melhor para você a alguém, esse poder é seu. Posicionar-se perante sua existência é fundamental para sua experiência de vida. Sei que, muitas vezes, você teme o erro, mas todos os caminhos o ensinam de alguma forma, mesmo que seja para lhe apontar outra direção. Por esse motivo existe uma centelha divina dentro de si, ouça, confie e siga. Você ficará maravilhado ao retomar seu poder pessoal e autoconfiança. Estou sempre com você, portanto, não tema.

Se você pudesse ver o que está por vir, começaria a soltar a necessidade de controlar. A confiança será sempre a sua maior aliada no processo de manifestação dos seus sonhos. Agora você tem consciência de que é o cocriador de sua realidade, e isso traz de volta o seu brilho e poder pessoal. Este é o novo ciclo de vida que criou para si mesmo. Você se esforçou e se empenhou bastante, e merece ter a confiança necessária para manter afastadas quaisquer dúvidas e ansiedades. O melhor ainda está por vir.

A preocupação em como sua manifestação vai acontecer apenas atrasa o processo e bloqueia a criatividade. Supere o pensamento excessivo e alinhe-se com a fé. Diminua a velocidade o suficiente para ouvir a solução por meio da sua intuição. Confie: tudo o que pediu está chegando até você, não há atrasos. O que existe é o momento de alinhamento. As bênçãos são sempre pontuais. Lembre-se de que o tempo divino é sempre perfeito. Já deu certo.

Estou enviando muita luz para que seu coração, fique tranquilo. Que você possa confiar e acreditar cada vez mais, tudo se resolverá da melhor e mais elevada maneira. Você está sendo direcionado para o novo, não se assuste com tantas coisas acontecendo. Tranquilize-se e fique em paz, estou cuidando dos mínimos detalhes. Em breve, você entenderá tudo pelo que passou.
Mantenha a fé e a gratidão.

Sei que deseja a mudança, e sei também como o medo advindo dessa mudança o paralisa. Você não vê saída, pois existem muitas vozes em sua mente e não sabe qual ouvir. Silencie, respire e foque sua atenção em seu coração. Aos poucos, perceba a luz que habita em seu cardíaco, de lá ouvirá uma voz que acolhe e acalma dizendo que está tudo bem, aqui e agora. Estarei sempre com você, não há o que temer.

Seus melhores dias ainda estão por vir. Se você olhar para trás, verá que os maiores saltos de crescimento foram relativamente recentes. Você nem mesmo entrou na fase em que está de fato colocando em prática toda a sua sabedoria recém-adquirida e, quando o fizer, tudo fluirá de maneira inexplicável. A prosperidade irá brilhar em sua vida continuamente. Suas bênçãos se multiplicarão. Tudo o que você experienciou o preparou para esse alinhamento: agora é hora de deixar a sua luz brilhar.

Agora é a hora de focar apenas nas coisas que deseja, não no que teme, pois seus pensamentos são magnéticos e têm uma frequência atrativa. Se você ainda está se sentindo ansioso, é importante trazer o seu foco de volta ao momento presente e apenas respirar. Entregue-me seus medos e ouse confiar na sua guiança interna. O futuro é brilhante, e o caminho à frente está pavimentado com o amor e luz. Há um avanço à vista.

Quando sentir que perdeu o chão, saiba que você tem asas e poderá se reerguer da melhor e mais elevada maneira. O que ocorreu não é o fim, é apenas o começo de uma nova história. Você clamou por mudanças, confie no direcionamento sem qualificar as experiências como positivas ou negativas. São somente experiências que contribuem para sua evolução e elevação. Uma onda de amor entra agora em cada célula do seu corpo, permita-se sentir.

Ainda dói e posso sentir exatamente o que você está passando. Mas perceba que para o novo se manifestar em sua vida é necessário SOLTAR aquilo que cumpriu seu tempo, bem como confiar que tudo é perfeito como é. Este ciclo se encerra e outro se inicia. Não há o que temer, pois o melhor lhe aguarda.
A palavra do dia é desapego.

Aquilo que está o afligindo logo passará. Você vem se mantendo firme e confiante, portanto, não há o que temer. Tire o aprendizado necessário disso e fique com o coração tranquilo. Existem seres de muita luz o inspirando e ajudando, mantenha-se no momento presente para que você possa sentir essa energia de puro amor que o envolve. Somente agradeça.

O que é para ser seu não erra o caminho. Já é seu. Chegará a você no momento mais elevado. Tudo o que você está vivenciando está preparando-o para isso.

Mas até conseguir, você pode escolher ficar ansioso e viver com medo, ou relaxar, focar o instante presente e viver feliz. Os melhores momentos, os melhores relacionamentos, os sentimentos e as experiências que deseja viver já são seus. Mas até que você os viva, apenas saiba que tudo o que fizer com amor, alegria e paz o aproxima deles.

Essa ansiedade que aperta seu peito está sendo completamente dissolvida pelo meu amor incondicional, sinta uma cascata de luz penetrando todo seu corpo. Perceba o quanto você é amado, amparado e guiado. Não há o que temer, existe muita luz em você. Enxugue essas lágrimas e levante a cabeça, pois o que está por vir irá surpreendê-lo. A paz e o equilíbrio já existem dentro de você, silencie e perceberá. Eu estou com você.

Tire um segundo para refletir sobre tudo o que você passou. Isso não é viver no passado, mas reconhecer seu crescimento. Seja grato por sua evolução e progresso, e por ter usado suas virtudes para essa evolução. Você trabalhou diligentemente para melhorar sua personalidade e sua situação. Honre seu processo e continue confiando nele. Seja grato e comemore as lindas transformações que vêm por aí. Você é incrível!

*Você manifestará aquilo que deseja e muito mais. Estou cuidando de tudo e, mesmo nos dias em que você se sente perdido e sozinho, eu estou ao seu lado. Não há divisão, tampouco separação, basta silenciar e ouvir seu coração que ali estarei falando consigo.
Você é merecedor do que há de melhor, mas precisa se ver como merecedor.*

O fim de um ciclo não é o fim de sua vida. Tudo é cíclico, cresce, evolui e se transforma. Solte e libere todo o apego, pois ele está lhe causando um sofrimento desnecessário. Quando você decide confiar no meu amor por você, infinitas possibilidades se apresentam diante dos seus olhos.
Um novo ciclo se iniciará quando você soltar o seu passado. Você está recebendo o amparo espiritual necessário para isso, se abra para recebê-lo.

O caminho desconhecido
causa medo e insegurança, mas não há
lugar onde você esteja sozinho ou
desamparado. Você pediu por mudanças e
suas orações estão sendo ouvidas.
A sua fé dissolverá os obstáculos que sua
mente coloca em seu caminho.
Oportunidades de crescimento estão
chegando, prepare-se para o início de
um novo ciclo de progresso e expansão.

*Este período tem gerado alguns desconfortos emocionais. Não o julgue como bom ou mau, apenas o acolha, percebendo que esse é um momento intenso de muitas limpezas emocionais. Eu lhe asseguro de que tudo será para o seu bem. Tudo tem um propósito maior, acalme seu coração, e não resista às mudanças necessárias para seu crescimento e expansão. Você está recebendo o suporte de que tanto precisa.
Eu não irei desampará-lo.*

Não desista de você, sei que o momento pode ser desafiador, mas agradeça por tudo que está aprendendo e por todas as limitações que está superando. Você está quebrando padrões e ciclos limitantes, por isso tem olhado para muitas coisas que estavam apenas adormecidas dentro de si. Chegou a hora de se libertar. Seres de luz estão auxiliando-o neste momento. Receba as bênçãos.

Não importa o que aconteceu. Você, assim como todos, merece amor, respeito e amparo. Sei que muitos desafios se apresentam diante de você, portanto, abra seu coração, existe uma presença de luz que o acompanha em tempo integral, pronta para ampará-lo e guiá-lo pelo melhor caminho. Entregue a esse amigo celestial todo medo, angústia e frustrações. Você é divinamente amado. Soluções para os desafios estão chegando. Prepare-se.

*Você começa a manifestar seus sonhos a partir do momento em que deixa de lado toda a culpa e toda a autopunição. Tudo é perfeito como é. Agradeça por você estar se tornando consciente. Libere o peso do seu próprio julgamento, comece hoje mesmo o processo de acolhimento amoroso de si, honre sua caminhada sem culpa, afinal, todos os caminhos são experiências que levam à transformação.
Agradeça, pois hoje se inicia um novo ciclo em sua jornada terrena.*

Tenho infinitas possibilidades para você, mas nem sempre você consegue enxergar as oportunidades, pois está focado no que ainda não deu certo. Pare um pouco e tire o foco do que não deseja, coloque energia e atenção no que de fato vai trazer crescimento e evolução para si mesmo. Esteja mais flexível e aproveite tudo de bom que começará a surgir na sua vida.

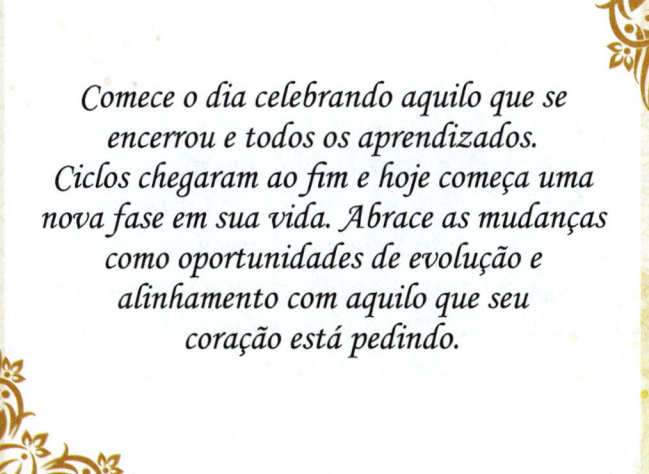

Comece o dia celebrando aquilo que se encerrou e todos os aprendizados. Ciclos chegaram ao fim e hoje começa uma nova fase em sua vida. Abrace as mudanças como oportunidades de evolução e alinhamento com aquilo que seu coração está pedindo.

Absolutamente nada é por acaso. Você planeja tudo do seu jeito e, de repente, acontece um imprevisto e precisa mudar de direção. Abrace os imprevistos e agradeça por eles, pois a espiritualidade está sempre o livrando de alguma coisa e o levando para algo muito melhor por meio desses "imprevistos". Caso determinada coisa saia do eixo, AGRADEÇA: sempre há algo a seu favor por trás disso.

Há uma mudança prestes a acontecer.
Esteja preparado para ela.
Toda sua dedicação não será em vão e um avanço está a caminho.
Confie no seu processo de expansão e no tempo, deixando a preocupação e o controle de lado. Limites, medo e vergonha não podem ocupar o mesmo espaço que prosperidade, esperança e amor.
Acredite na bondade abundante que está destinada a você.

Quando você entrega o controle a tempestade cessa, ela vem justamente para que você possa se desvencilhar de todo apego, soltar e deixar que a fluência divina faça o melhor. Existe uma parte dentro de você que deseja soltar, essa é a sua centelha, embora nem sempre consiga ouvi-la, pois sua mente está barulhenta tentando encontrar a saída. Eu lhe digo: a saída é a reconexão com sua centelha divina, que se faz por meio do silêncio. A tempestade está prestes a cessar, confie.

Atreva-se a ir além dos sonhos e do campo das ideias, a manifestação da realidade que deseja é feita por meio do conjunto entre mentalizar, sentir, soltar e agir. Você tem amparo divino e sabedoria suficientes para virar o jogo, a vitória lhe espera logo adiante. Coloque energia em movimento e verá: o que tenho para você é muito além do que sua mente pode imaginar. Portas se abrem quando você tem atitude de virar a maçaneta. Um novo ciclo de realizações vem aí. Prepare-se.

Tudo tem o tempo certo para florescer. Não compare sua caminhada com a de outras pessoas. Cada um tem seu próprio caminho e aprendizados evolutivos. Alegre-se com o seu despertar, vejo o seu crescimento e empenho para se tornar a sua melhor versão.
Como é lindo ver que cada dia você se aproxima de sua verdadeira essência, mantenha a gratidão em seu coração, pois o seu momento divino se aproxima.

Você tem tudo de que precisa para realizar seu propósito. Pare de se preocupar se você é bom ou tem o suficiente. Confie: os caminhos estão sendo abertos e tudo de que necessita para o sucesso já existe.
Não é dado um propósito de vida sem as disposições das quais você precisa para realizá-lo. Continue, mantenha-se focado e cheio de fé. Você é amado e amparado.

*Muitas vezes, quando peço para que tenha paciência, não estou punindo você. Na verdade, estou protegendo-o de algumas energias e preparando-o para o próximo ciclo, no qual muitas realizações irão se concretizar. Confie no processo e acredite no tempo divino. Lembre-se: você não está atrasado e tudo está seguindo o fluxo divino.
Confie que já deu tudo certo.*

Toda vez que você age pelo medo de que algo lhe falte entra na frequência do não merecimento. Nada, absolutamente nada lhe faltará; creia, confie e solte. Hoje mesmo olhe para si e diga: eu sou merecedor de muitas coisas boas. Sinta-se vitorioso, você estará sempre amparado. Apenas vibre no merecimento e na confiança, dias incríveis e de muita luz se aproximam. Alegre-se!

Tudo o que acontece tem uma razão. O que está acontecendo agora muito em breve fará sentido. Embora você não visualize o lado luz dessa situação, venho hoje confortar seu coração e dizer que a vitória se aproxima. Eu não me esqueci de você e honrarei sua história por você não ter desistido. Mantenha-se firme, pois um ciclo se encerrou para que um novo caminho se abra. Solte o controle e aproveite as infinitas possibilidades que surgirem.

O que está acontecendo é apenas uma vírgula e não o fim. Você tem o direito de recomeçar, e em todas as etapas do seu processo eu estarei guiando-o pelo caminho do amor. Abrace os imprevistos como uma oportunidade de mudar a rota. Tudo que está acontecendo tem uma razão de ser. As ilusões que o impedem de reconhecer a sua luz estão sendo dissolvidas. Celebre o seu despertar.

Os caminhos da mudança são incertos e, de certa forma, causam desconfortos em você, mas tudo que está acontecendo vem para mostrar o quanto é capaz de soltar e abrir mão desse controle. Tudo fluirá na mais perfeita sincronicidade. Você será honrado por meio de sua coragem e fé. Ouça sua intuição e siga com o coração leve, a mudança começou.

Em breve você estará olhando para trás e agradecendo por não ter desistido de si mesmo. Você ficará muito grato, pois reconhecerá o quanto é merecedor de todas as bênçãos que estão sendo direcionadas para si. Coisas boas estão chegando e dias melhores estão por vir. Acredite!

Reconheça o caminho já percorrido e agradeça por ele, e perceba os saltos de consciência que teve e ainda terá.
Você superou muitas coisas e ainda está aprendendo muito. Sobreviveu a inúmeras tempestades, e isso o chamou para uma reforma íntima, o que a cada dia molda a sua melhor versão. Dê-se os créditos por ter chegado tão longe. Alguns de seus melhores dias estão à sua frente. Continue firme e não desista.

Você está rompendo, mediante seu autoconhecimento, as barreiras que limitam seu crescimento. Está se tornando cada vez mais consciente e será honrado por isso. Celebre sua evolução, pois cada ato de coragem de olhar para dentro de si o deixa cada vez mais forte. É por meio desse movimento que você está quebrando muitos ciclos repetitivos. Orgulho-me de cada passo seu e, em breve, estará recebendo em abundância tudo aquilo que está semeando nesta jornada.

A tempestade está chegando ao fim.

*Você está sendo preparado:
esta jornada que está trilhando não será em vão. Eu escuto seu coração e hoje quero falar diretamente com ele.
Não, você não está esquecido, não está sozinho. Silencie e poderá me ouvir; falo com você o tempo todo, silencie.
A hora da colheita se aproxima.
Você verá o milagre acontecer para o que eu tenho para você, siga na confiança.*

Muitas transições acontecem no seu processo. Algumas vezes, perde-se um grande amor, perdem-se amigos, algumas partes suas também se vão, até mesmo aquelas que nunca havia imaginado. E então, quando você aceita que alguns ciclos se encerram, um novo amor chega, melhores amigos surgem e uma nova versão sua nasce mais forte e mais sábia. Confie no processo, você não está só.

O que é seu não se perde. Já é seu. Chegará no momento mais elevado, sem atrasos. Enquanto isso, você pode escolher ficar na dúvida ou confiar, focar o momento presente e apreciar o processo.
Os melhores momentos, as melhores experiências, os melhores relacionamentos já são seus. Mas até que eles aconteçam, apenas saiba que tudo que você fizer com amor e alegria o aproxima deles.

Você pode sempre recomeçar e seguir um novo caminho. Chegou a hora de se libertar de todas as ilusões que o prendem no passado, dele você tira toda sua experiência e sabedoria. Saiba que não importa em que fase da vida esteja, este é o seu momento. Esteja aberto, pois oportunidades estão chegando de onde menos espera.

*Bloqueios e travas emocionais estão sendo dissolvidos pela luz dourada da fonte criadora de tudo o que é. Enxugue suas lágrimas, pois é chegado um novo tempo em sua vida. É tempo de curar, crescer e evoluir. Você resistiu e superou os seus maiores desafios, com fé e coragem.
As respostas e as confirmações que você estava esperando estão chegando. Alegre-se.*

Não deixe que sua impaciência paralise o seu processo de cocriação. Acredite que o melhor está chegando e prepare-se para isso. Lembre-se: o que é seu está fluindo para seu encontro; é preciso desapegar do que nunca foi seu. Você ainda se surpreenderá quando tudo se concretizar. Não esqueça o quão merecedor você é. Essa é a frequência que o aproxima da realização.

*Eu não me importo com o
que as pessoas falam sobre você.
Sei exatamente o que há em seu coração.
Seu momento chegou. É hora de evoluir.
Sei quando enviar exatamente aquilo de que
precisa. Não desista. Prepare-se para o
que está pedindo. Sua manifestação está
chegando e você merece.*

Sei que você sente como se nada estivesse acontecendo em sua vida ou que eu me esqueci de você. A maior transformação está acontecendo internamente, olhe quantos aprendizados você integrou. Todas as mudanças ocorrem internamente para que seu exterior seja transformado por completo.
Não esqueço de você nem um minuto, estou ao seu lado sempre vendo o seu florescer.
Tem muita coisa incrível para acontecer.
Ouça o que diz seu coração.

O período é de transformação e existem mudanças positivas prestes a acontecer. Esteja pronto para recebê-las e, para isso, acalme o coração. Solte a pressão no que diz respeito ao tempo, deixando a preocupação de lado. Limite, culpa, medo e vergonha não podem ocupar o mesmo espaço que prosperidade, esperança e valor. Acredite e receba a abundância que está sendo direcionada para sua vida.

Você libera o medo e a ansiedade voltando sua atenção ao aqui e agora. É capaz de superar todo e qualquer desafio que esteja enfrentando, procure pelo amor dentro de si, essa é a sua essência. Reconheça!
Este momento está sendo um convite para a verdadeira conexão com a fonte.
Confie no processo evolutivo.
Muitas bênçãos estão a caminho.

Você pode estar se perguntando quando os dias de glória vão chegar. Posso lhe afirmar que esses dias estão mais perto do que imagina. Se preciso for, pare um pouco e tome o fôlego necessário para seguir adiante. Você é livre para recomeçar e seguir em um novo caminho. Acesse a sabedoria divina que existe dentro de si mesmo e deixe que ela o guie. Você é divinamente amado e merece o melhor. Aceite.

Há tanta luz em você, esta é a sua verdadeira essência. Você indiretamente está criando um campo muito positivo ao seu redor. E, dessa forma, sabemos que as coisas vão continuar melhorando. O que você transmite é o que atrai. Suas experiências estão se expandindo. Suas finanças e relacionamentos vão melhorar. Sua produção de energia é positiva e retornará a você de infinitas formas. Você merece o melhor.

Seu coração fica aflito e ansioso sempre que você insiste em querer controlar tudo à sua volta. Na tentativa de evitar o sofrimento, você acaba sofrendo. Liberte-se dessa prisão, soltando, entregando e confiando na fluência divina. Permita-se ser conduzido e perceberá portas sendo abertas em toda parte, o soltar é o maior poder que existe. Solte e prepare-se para entrar no fluxo de abundância que é seu por direito.

O que está afligindo o seu coração tem data para terminar. Peço que não se acomode com aquilo que o machuca. Você tem o meu amparo e proteção, mas quem tem o poder de decisão é você, a porta se abrirá. Porém, para que isso aconteça, é imprescindível que gire a maçaneta.

*Você tem o livre-arbítrio de permanecer como está ou de mudar. Fortaleça sua fé, conecte-se ao seu coração e saberá qual deve ser seu próximo passo.
Confie em sua sabedoria interior, você tem esse poder.*

Você tem o poder de decisão e liberdade em suas mãos, esse poder tem o nome de livre-arbítrio. Assim que você tomar consciência de que é merecedor do que há de melhor e, então, decidir que deseja uma vida abundante, as energias serão movimentadas de acordo com o seu alinhamento entre querer e agir. As portas de que precisa começarão a se abrir, as pessoas de que necessita irão surgir. Os milagres estão chegando, vindo em sua direção, receba-os.

As mudanças que estão acontecendo em sua vida podem, por ora, assustá-lo. Você pediu por transformações e soluções, e elas chegaram. Este momento pede para que você solte o controle. Todo apego gera sofrimento. Você pode e vai manifestar aquilo que sua alma quer, mas para isso é necessário trabalhar a sua confiança. Solte e confie. Essas mudanças o levarão para as manifestações que tanto deseja.

O que lhe aconteceu não é um ponto-final, é apenas uma vírgula. Você pode seguir e fazer diferente, conforme tudo que vem aprendendo. Esse não é o fim da linha para você, mas o início de um novo ciclo. Estou com você o tempo todo, estou dentro do seu coração. Feche os olhos, respire fundo e perceba todo o amor que sinto por você transformando completamente a sua vida. É tempo de se reerguer, levante a cabeça e siga com confiança.

Eu vejo toda sua trajetória, e conheço todos os seus temores e angústias. Sei também o quanto está empenhado em sua expansão. Mesmo que você não perceba, é lindo ver o seu florescer, tudo ficará bem e todo seu empenho será reconhecido, prepare-se para dar o próximo passo além do medo. Estou sempre pronto para ampará-lo. No meio de uma tempestade, você não enxerga nenhuma solução, pois o seu foco está na tempestade. Foque o auxílio divino que chega agora para você.

Você não está vendo nenhuma solução, pois ainda sente vontade de controlar as situações. Confie: o que tenho reservado para você é muito além do que possa imaginar. Enxugue as lágrimas, alegre-se e conecte-se com a gratidão.
A vitória é certa, talvez não como sua mente criou, mas muito melhor.
Você está sob meu amparo e será surpreendido.

Durante muito tempo você recebeu menos do que realmente merece, pois não tinha clareza do ser valioso que é. Agora, muitas vendas estão sendo retiradas dos seus olhos e você está despertando para quem de fato veio ser. Esse movimento está se intensificando, e você começará a cocriar tudo aquilo que contribuirá para que sua jornada possa ser plena. Eu me alegro pelo seu despertar. Ame-se e ame verdadeiramente, e o amor chegará.

Você está sentindo sede de mudança e, ao mesmo tempo, escuta uma voz cheia de medo dizendo que ela não é para você. Essa voz interna cheia de dúvidas é o seu ego. Silencie, tire um tempo para si, assim será possível ouvir o seu mestre interior e acalmar seu coração. Você é merecedor de muitas coisas boas e receberá o apoio necessário.

*Se você está sentindo o fim de um ciclo em um determinado lugar, não tenha medo do novo, não tenha medo de se reinventar.
Você está divinamente amparado,
pode confiar na sua intuição.
Eu falo com você por meio do coração, apenas silencie e fique atento ao seu coração.
Você está entrando em uma nova fase, abra mão de toda resistência, em breve tudo fará sentido. Fique atento aos sinais.*

O universo está dizendo para você ter paciência já há algum tempo.
Ele está enviando sinais por meio de músicas, conversas e sonhos. Cada teste que você recebeu não foi feito para interromper seu crescimento, mas para encorajá-lo. Sua alma estava realmente sendo preparada para um grande salto. Apenas espere e veja. É aqui que os resultados da sua transformação começam a aparecer. É aqui que você percebe o quanto de fato está sendo divinamente protegido e amado. O tempo de repetir velhos ciclos já passou. É hora de se alinhar.

Alguns ciclos estão se findando com a chegada de oportunidades incríveis à sua vida. Essas mudanças serão benéficas para você de várias maneiras. Confie no empurrão que o universo está lhe dando. Ouça a sua intuição, e tome atitudes positivas para viver e cumprir o seu propósito de vida da melhor e mais elevada maneira.

Deixe de lado todas as comparações, entenda que cada um é único, e essa é a verdadeira beleza e grandeza. Um mundo de infinitas possibilidades se desenhará diante de si assim que deixar a sua essência brilhar. Não há o que temer, você possui qualidades e habilidades necessárias para manifestar o que deseja. Então se aproprie do que é seu por direito e seja você sem medo. Palavra do dia: coragem.

Para que nosso trabalho seja feito em conjunto é importante acreditar em si mesmo. Cancele imediatamente todo e qualquer sentimento de incapacidade. Você tem todas as habilidades para transformar a sua vida por completo, portanto, saia imediatamente do papel de vítima. Você está aqui para evoluir e ser muito feliz. Levante a cabeça e diga: "eu sou merecedor de uma vida plena e me conecto agora com o meu poder interior".

*Você está carregando pesos desnecessários que vêm atrapalhando sua caminhada. Uma pessoa só pode ser curada se tiver consciência de que está doente.
Desse mesmo modo, você não pode obrigar ninguém a evoluir. Cuide do seu caminho e respeite com amor quem não está no mesmo processo que o seu. Perceba que cada um está em um processo diferente. Trabalhe o seu autoconhecimento e medite.
O caminho é para dentro.*

Olhe para si mesmo agora e simplesmente agradeça por ser exatamente assim do jeito que é, e por está despertando para uma nova consciência. Sua persistência, fé e coragem estão levando você ao seu propósito maior. Não desanime agora. Em breve tudo isso fará sentido. Você está sendo guiado pelo Criador, algo grandioso está se aproximando.

*Você sobreviveu ao seu passado, agora deixe ir, solte-o. Pare de revê-lo como justificativa de que você não pode ter sucesso. Comemore a sua força, porque você costumava fazer isso. Agora não é hora de olhar para trás com tristeza, mas com gratidão por tudo que aprendeu.
Veja o quanto progrediu, agora é o momento de agradecer pelas infinitas possibilidades que estão se apresentando para você. Celebre a chegada das suas realizações.*

O que pertence a você fluirá sem resistência em sua vida. Em vez de se preocupar com o como, apenas relaxe e esteja em um estado de merecimento para receber.
Acredite que já é seu. Comece a sentir e a ser a energia do que deseja receber.
Existe uma fonte inesgotável de bênçãos, e ela atende e responde às suas vibrações.
O que você vem pedindo já é seu, confie no tempo divino.

Esteja aberto para receber e aceitar as oportunidades que estão surgindo em seu caminho que podem aparecer de diversas formas. Você está recebendo intuições com várias ideias, não pense que essas ideias são bobagens, entre em ação. Mantenha o foco no que realmente deseja, logo, logo você manifestará o que tanto sonha. Confie mais nas informações que estão chegando para você por meio de sua intuição. Você é capaz de realizar e tem o meu apoio.

Cada desafio que se apresentou em seu caminho não foi para interromper o seu crescimento, mas para encorajá-lo. Você estava sendo preparado para um grande salto de consciência que se refletirá em várias áreas de sua vida. Apenas espere e veja. A partir de agora, os resultados da sua transformação vão começar a aparecer.

É neste instante que você começa a perceber o quanto é divinamente protegido.

Um novo ciclo se inicia em sua vida: deixe o passado somente como aprendizado e siga em frente.

Nada pode impedir seu progresso, a não ser o medo que, na maioria das vezes, vem acompanhado de autossabotagem por conta de experiências passadas que estão mal resolvidas internamente. Chegou a hora de olhar, perdoar e ressignificar tudo aquilo que o impede de dar o próximo passo. Não tema, eu estarei sempre com você, vibrando e por sua felicidade, intencionando-a. Uma nova fase se aproxima, esteja preparado para o melhor.

Embora você ainda não perceba, está em um lindo caminho de expansão e elevação de sua consciência. Não tenha medo de viver a partir da verdade do seu coração, esse é um dos seus propósitos. Conecte-se com o seu mestre interior, e deixe que ele o guiar pelo caminho do amor. Você pode escolher viver de maneira mais leve hoje mesmo. Alegre seu coração, pois sua jornada será incrível e cheia de infinitas possibilidades.

Não desista de sua vida por causa de experiências desafiadoras, você é muito mais que tudo isso. Acredite de todo seu coração que experiências incríveis estão chegando à sua vida, é um novo ciclo de paz, alegria e muita abundância.

Você nunca esteve ou estará desamparado, estarei guiando-o sempre pelo caminho da expansão e do amor. Apenas ouça o seu coração.

Hoje é um dia perfeito para acreditar em todos os seus sonhos. Também é um ótimo dia para abraçar as infinitas possibilidades que a vida tem a lhe oferecer. Acredite, seu plano de crescimento já está em andamento e seu caminho está aberto. Sua abundância já está preparada. Pessoas alinhadas com seu objetivo já estão chegando à sua vida. Seu sucesso já está certo. Confie no que você quer, já está feito. Alegre-se declarando: "eu sou um vencedor!".

A mensagem de hoje é um lembrete de que você não é seus problemas, não é seus erros, não é um momento desafiador.
Você é centelha divina do Criador, é luz. Você é amor e merece, sim, o que há de melhor. Essa fase vai passar, eu estou com você, tenha coragem de assumir a sua luz. Você pode e vai conquistar tudo aquilo que estiver pronto para receber. Com amor: universo.

*Você está pronto. Um novo capítulo está iniciando em sua vida. A porta que estava procurando finalmente será aberta. Você não vai esperar muito agora. Em breve, vou revelar as bênçãos que tenho para você. Você está na reta final para dar início a um capítulo transformador. Sorria sabendo que tudo está chegando a um fim pacífico.
O que o espera do outro lado dessa porta está além de qualquer coisa que já visualizou. Prepare-se para se surpreender.*

Sei que lições profundas se apresentaram e, com elas, tarefas desafiadoras que o fizeram pensar em desistir de tudo. Você chegou a duvidar da sua capacidade de seguir em frente, mas nesses momentos foi capaz de sentir o sopro divino sobre sua vida. Saiba que existe um mundo espiritual pleno de amor que cuida de cada fase de sua jornada. Lembre-se sempre de que você está sob a luz da proteção divina. Receba todas as bênçãos que estão chegando à sua vida. Você merece.

Prepare-se para um mês incrível e cheio de infinitas possibilidades. É hora de agradecer por toda sua coragem, fé e amor. Você está olhando para todos os desafios como aprendizados e, também, está trazendo luz para sua própria vida. Chegou o momento de sorrir e agradecer por esse novo ciclo que se inicia hoje.

Não tente controlar o mundo à sua volta, essa atitude drena sua energia e o coloca em vários conflitos internos. Existe uma fluência divina que guia tudo da melhor e mais elevada maneira. Há o tempo divino entre o plantio e a colheita. Sei da sua caminhada, eu irei honrá-lo. Confie no desenrolar das coisas, há uma chuva de bênçãos a caminho, prepare-se e confie no meu tempo.

Confie nos redirecionamentos que muitas vezes vêm mudando toda a rota dos seus planejamentos. Logo você estará comemorando por não ter desistido dos seus sonhos. Seu coração estará transbordando de alegria e muita felicidade por compartilhar suas boas-novas.
Ficará sem entender como de repente tudo lhe aconteceu. Esteja pronto para isso.
Já é seu!

*Ouço o sussurro da sua
alma dizendo que tudo está desmoronando.
Eu venho lhe falar: você está passando por
uma reforma íntima, e o que eu tenho
para você a sua mente ainda não alcança,
confie em mim. Não compare seu caminho
com fragmentos da vida dos seus irmãos,
todos estão em processo de evolução.
Ninguém está adiantado ou atrasado.
Vai chegar a sua vez.*

O dia de hoje traz energias poderosas para a liberação de ressentimentos e culpas pelo que já passou. Perceba que todos os caminhos trilhados construíram a sua história. Integre e honre os aprendizados, a fim de que você possa abrir espaço para que o novo se manifeste em sua vida da melhor e mais elevada maneira. Silencie, ouça seu coração e perceba quais os sentimentos precisam ser liberados. Você está entrando em um ciclo de abundância e integração com a sua verdadeira essência.

Chegou o momento de secar as lágrimas e abandonar todo esse peso que vem carregando. O amparo chegou, e todas as transformações que estão se aproximando vão trazer clareza e crescimento para você em todas as áreas. Você está prestes a entrar na melhor fase de sua vida até então.
Ouça seu coração e perceba as infinitas possibilidades que vou sussurrar por meio de sua intuição, para isso, apenas se mantenha presente. Os sinais estão em toda parte e esse é um deles. Receba-os.

Padrões estão sendo quebrados por você; a sua coragem de querer ir mais além o libertará dos ciclos da dor. Você é a mudança, e por seu intermédio outras vidas serão impactadas positivamente. Permaneça firme em seu propósito. Dê o próximo passo com confiança e fé. Ouça o chamado do seu coração para permanecer na direção da manifestação de todos os seus sonhos. Você é amado e amparado por mim. Confie: nada lhe faltará.

Tudo que acontece em sua vida tem uma razão de ser. Suas experiências estão apenas o empurrando em direção a suas manifestações. Desafios se estabelecem quando você se recusa a deixar de lado o que o impede de voar. Solte a necessidade de estar no controle e seja bem-vindo às infinitas possibilidades. O que você quer está tentando se manifestar para si, permita que isso aconteça. Solte o controle e deixe fluir.

O seu coração pede por mudanças, mas sua mente insiste em travá-lo por meio de diversas falas internas que acabam limitando-o. Muitas vezes, você acredita nelas e acaba desistindo do seu crescimento, mas esse é o sinal que vem pedindo. Não há o que temer, pois todos os caminhos vão conduzi-lo ao seu desenvolvimento. No universo não existem erros, tudo acontece para o bem maior e todas as experiências vão direcioná-lo à expansão. Siga e retome seus projetos, pois você está sendo guiado pela sua centelha divina: ela sabe o melhor caminho para si. Confie.

O que está acontecendo agora em sua vida é necessário para a criação de algo muito melhor. Muitas vezes, você é forçado a se movimentar quando não se atreve a fazer isso sozinho. Torne o caminho mais leve, liberando resistência, bem como a necessidade de controlar as transformações e as situações. O fim de ciclos é fundamental para novos começos. Fique atento e confie.
Tudo ficará bem.
Você está sendo amparado pela espiritualidade.

Você está começando a expandir sua consciência, a pensar de forma diferente. Você está se movendo de uma nova maneira. Não consegue explicar, mas sabe que está se alinhando com o seu tempo divino. O universo inteiro está trabalhando a seu favor. Continue a jornada com amor e gratidão.

Você pode ficar "duvidando" de que aquilo que deseja manifestar está chegando ou continuar confiando e se preparando para o melhor. Assim como a natureza dá uma semente, tudo precisa crescer. O universo lhe deu tudo de que precisa para prosperar. Confie em suas habilidades. Você tem o que é necessário para realizar seus sonhos. Mantenha a confiança, eu estou com você.

Em breve você vai contar uma história diferente, e se alegrará por não ter desistido, além de agradecer por ter ouvido seu coração. Estão se aproximando de você a cura, o sucesso, a saúde, a abundância, a prosperidade, o amor, a felicidade, a paz e grande alegria. Você ficará mais forte, mais sábio e cheio de vida, compartilhando todas as suas bênçãos e transmitindo a luz que está recebendo. Você é um canal de abundância também.

Há uma mudança prestes a acontecer.
Prepare-se para isso.
Você já passou por muitas experiências e um salto está a caminho. Renda-se ao processo e ao tempo, deixando a preocupação ir.
Limites de tempo, medo e vergonha não podem ocupar o mesmo espaço que prosperidade, esperança e amor.
Acredite que a fluência divina é justa e abundante, e que você merece e receberá o melhor.

*Não se preocupe com o "como",
isso é comigo. Para manifestar é
preciso confiar (soltar), acredite de todo
seu coração e sinta como se você já tivesse
manifestado aquilo que mais deseja.
O sinal vibracional que você emite é
que o alinha com todos os seus sonhos.
Você merece o melhor e merece agora.*

Esta mensagem está chegando até você, pois já está pronto para o que está por vir. Algo incrível irá acontecer em sua vida.
No entanto, para que tudo comece a fluir, são necessários momentos de desapego.
Nessa nova fase, leve apenas o que faz sentido e agrega. Algo grande espera por você logo atrás desse cenário atual.
As coisas estão prestes a se acalmar e mudar em sua vida. Você é merecedor.

A energia da liberdade está chegando à sua vida. Não tenha medo de se libertar de tudo aquilo que o aprisiona e limita, como: medo do julgamento, seu passado, pessoas, lugares e situações. Tudo aquilo que já não contribui com o seu crescimento vai naturalmente sendo limpo do seu campo.
A hora da mudança chegou, creia, você está recebendo todo o auxílio e o suporte para a transição. Sua parte é soltar, entregar e confiar que tudo acontece para o bem maior.

*Sei exatamente aquilo que mais deseja em seu coração. Você vai realizar sim, aprenda a confiar. Tenha claro o que deseja e confie no meu agir, existem inúmeras possibilidades para que isso aconteça e não apenas um único caminho possível.
Abra mão de querer controlar tudo.
As coisas vão se desenrolar da melhor e mais elevada maneira, assim que você conseguir entregar e confiar.*

Você estava sendo preparado todo este tempo, a hora da colheita chegou.
É o momento de prosperar, crescer e contribuir. Você nunca esteve desamparado, eu sempre acompanhei cada passo seu, degrau por degrau. Os desafios lhe ensinaram lições importantes, como o perdão, a fé e a resiliência. O dia de hoje começa em uma energia de crescimento e expansão. Continue firme e de cabeça erguida, ciente de que coisas boas acontecem.

*Você está trilhando sua jornada com coragem, determinação e com muita fé, boas notícias chegarão em breve.
Mudanças significativas estão chegando e você pode comemorar.
Esteja consciente e pronto para as mudanças positivas, realizações de sonhos que estão se aproximando de sua vida.
É a sua hora de brilhar.*

Sim, deixar ir nem sempre é fácil, mas viver uma vida infeliz e insatisfeita é mais desafiador ainda. Você pediu por alívio de toda essa carga que carrega em seus ombros, mas quando chegou a hora de fazer as mudanças necessárias, deixou o medo conduzi-lo. Mudanças acontecem para levá-lo aonde tanto deseja, porém você nem sempre está disposto a abrir mão, todo apego gera sofrimento. Você pode e vai manifestar aquilo que sua alma quer, mas é necessário trabalhar a sua confiança. Solte e confie. Essas mudanças o guiarão para as manifestações que tanto deseja.

*Se, por algum motivo, você deixou de acreditar em sua capacidade, o Criador pede para lhe falar hoje que toda sua história vai mudar. Você tem todas as habilidades para ser tudo aquilo que veio para ser, e não importa o que a sua mente diz,
ela tenta sabotá-lo, dê um voto de confiança para sua intuição.
O Criador fala com você por meio dela.
Pare para ouvir essa voz que vem do coração.*

Toda vez que você se trata como realmente merece e toda vez que respeita a sua essência, eleva o seu campo vibracional. Você não precisa negar a sua essência por medo de não ser aceito, a aprovação e a aceitação vêm de si mesmo. Meu amor por você é incondicional e ilimitado, e você pode transformar toda sua realidade assim que perceber a grandeza de sua alma.

*Não desanime, olhe o quanto já caminhou. O reforço necessário está chegando, trazendo ideias, força e confiança para a realização de seus sonhos e objetivos.
O próximo capítulo de sua vida está prestes a iniciar, e saiba que o seu movimento de remover pessoas e hábitos nocivos de sua vida foi essencial. Saiba que está no caminho certo sempre que ouvir minha voz falando com você por meio do seu coração. Bênçãos aparecem quando você menos espera.*

Você passou por dias em que suas emoções estavam bem instáveis, e começou a se questionar se realmente este é o seu caminho.
Longe do barulho mental, você volta para o seu centro, volta para casa.
Olhe para dentro e silencie.
Viva de acordo com as verdades do seu coração, você vence quando sai do jogo da comparação e da competição.
Toda essa liberação emocional está levando-o para lugares e oportunidades incríveis.

*Não tenha medo de colocar um ponto-final em um ciclo que esteja incomodando-o. Eu amparo você sempre, mas o poder de decisão é seu.
Existem ações e decisões que precisam partir de si mesmo para que tudo se transforme.
Chegou a hora de dizer NÃO ao sofrimento. Absolutamente nada lhe faltará, não há o que temer.*

Confio em sua capacidade de alcançar tudo que deseja, e você também pode começar hoje mesmo a confiar em suas habilidades. Prepare-se, seu momento divino está sendo alinhado, e que você esteja preparado para as infinitas possibilidades que estão se aproximando de sua vida.

Você se pune por acontecimentos que construíram a sua experiência na Terra, perceba o quanto cada passo foi importante para que você chegasse aqui e agora. Não precisa julgar os acontecimentos como bons ou ruins, apenas como experiências que serviram para a sua evolução. Hoje, você tem um nível de consciência que lhe permite ter clareza dos seus aprendizados e de suas ações. Agora merece se libertar de todo o peso do passado, honre sua jornada e siga com o coração leve.

Todos os acontecimentos estão dentro de um propósito maior em sua vida. Pessoas estão saindo dela e ciclos se encerrando, não se apegue, deixe ir, na certeza de que tudo está fluindo da melhor maneira. Quando alguém sai de sua vida, é sinal de que vocês cumpriram o que era necessário na caminhada evolutiva de cada um. Celebre as novas energias e pessoas que estão chegando à sua existência.

O dia se inicia com a energia da renovação. Você passou por muitos medos e desafios, e este ciclo chegou ao fim. Várias oportunidades o encontrarão se você se mantiver no presente.
É preciso coragem para se lançar no desconhecido, mas não esqueça que em nenhum momento você estará sozinho.
Eu sempre o guiarei pelo melhor caminho.
Você não veio aqui para sofrer, veio para descobrir toda a sua potência e compartilhá-la com o mundo. Vem coisa boa em sua direção.

Você é maior que todos os desafios que se apresentaram em seu caminho, maior que todas as críticas e as autocríticas.
Na verdade, você não tem medo de fracassar, mas de brilhar e de ser rejeitado. Lembre-se: "vós sois deuses, deixai brilhar a vossa luz". É dessa forma que você deve viver o seu propósito aqui na Terra. Não há lugar dentro de si onde a criatividade não se manifeste.
A sua vitória será estrondosa. Confie.

Este caos vai passar, sei o quanto vem pedindo por dias melhores. Perceba o quanto evoluiu e amadureceu. Você tem um coração incrível, e é por meio do amor que todas as curas acontecem. Não julgue o que passou, agradeça por toda oportunidade de evolução e crescimento. Os desafios foram seus mestres, agradeça. Ame e honre a sua existência aqui neste plano terrestre. Dias de muita paz e alegria se aproximam. Confie!

Existem coisas que acontecem de maneira natural e leve. Há inúmeras portas abertas para você, mas você insiste em tentar abrir uma porta que, no momento, encontra-se sem a chave. Talvez esse não seja o caminho mais leve e feliz para você. Olhe para frente e perceba quantas possibilidades estão lhe aguardando, a partir do momento em que decidir soltar o que não está fluindo com leveza em sua vida.

Você e eu somos um só, não há separação. Não estou distante de você, estou em tudo o que vê e em cada partícula do seu ser. Abra mão do controle, ele é ilusório, deixe que o melhor chegue até você. As oportunidades, em muitos momentos, chegam disfarçadas de desafios.
Você sentirá cada vez mais a minha presença, volte ao presente e sinta seu coração.
Os caminhos estão abertos, apenas não resista ao seu crescimento.

Você está passando por um intenso processo de cura, esse será o salto para uma nova era. Regeneração e benevolência fazem parte desse novo ciclo. Seus mentores estão em vigilância para ajudar nessa transição. Libere o controle e confie no que há de chegar. Lembre-se de que exatamente tudo acontece para o bem maior. Confie.

Este momento é um verdadeiro convite para que você possa de fato se alinhar com a sua verdadeira essência. Esse será um grande salto em sua evolução, aceite com amor e benevolência todas as transformações que são de extrema importância, a fim de que sejam alcançados elevados níveis de consciência.

Para que a cura aconteça, é importante deixar tudo que o impede de evoluir, como: culpa, raiva, rancor e ressentimento. Estou com você nessa transformação, apenas sinta o meu amor.

O que você acredita ser o fim é, na verdade, uma grande oportunidade de crescimento e renascimento. Observe as bênçãos disfarçadas. Os aprendizados deste período são degraus que o aproximam das suas manifestações. Esteja receptivo para todo o auxílio que está chegando a você de diferentes formas. Tire os sonhos da gaveta, pois você tem tudo de que precisa para manifestá-los.

Abandone essa cobrança excessiva, pois isso acaba lhe trazendo mais angústia. Decida hoje mesmo olhar para as situações ao seu redor com mais compreensão e amorosidade. Tudo vai fluir, assim que você abandonar o controle daquilo que não se pode controlar. Exerça a sua fé e confiança, e verá portas sendo abertas e soluções chegando inesperadamente. Você pode escolher fazer diferente.

Chegou a hora de dar a verdadeira atenção a seus sonhos e projetos. Por muito tempo, você foi se deixando de lado e abandonando suas prioridades. Agora é o instante de alinhamento entre a mente e o coração, e você estará recebendo inspirações para colocar energia no que realmente faz sua alma cantar. Abandone o julgamento e pare para se ouvir, dê-se a devida atenção, assim como faz com seus amigos. Esse movimento vai trazer luz e criatividade para o que vem me pedindo.

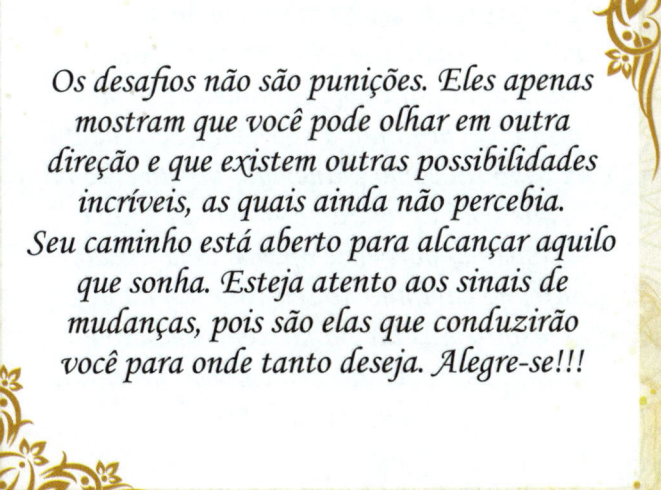

*Os desafios não são punições. Eles apenas mostram que você pode olhar em outra direção e que existem outras possibilidades incríveis, as quais ainda não percebia.
Seu caminho está aberto para alcançar aquilo que sonha. Esteja atento aos sinais de mudanças, pois são elas que conduzirão você para onde tanto deseja. Alegre-se!!!*

Não desista de seus sonhos e muito menos de sua vida. Embora tudo pareça tão distante, estou aqui para lhe falar que existe muita coisa boa chegando à sua vida. Perceba que nem tudo sai como planejado, justamente para que você aprenda abrir mão de todo o controle, pois ele é apenas uma ilusão.

Confie no caminho do seu coração, há amigos espirituais lhe dando todo amparo e acolhimento de que seu coração necessita neste instante.

Um novo ciclo se inicia hoje em sua vida. Esteja presente e confie no caminho do seu coração. Comemore, pois muitas portas se abrirão diante de você, saiba que estou preparando tudo da melhor e mais elevada maneira. Estou sempre ao seu lado enviado intuições. Entregue. Confie. Solte e agradeça.

Tudo tem o tempo certo para acontecer, você não está atrasado nem adiantado. Perceba que a natureza tem o tempo necessário para que uma flor possa desabrochar: ela não pula as etapas. Tranquilize seu coração, tudo está acontecendo da melhor e mais elevada maneira, e os seus aprendizados estão levando-o exatamente para onde tanto deseja. Sinta uma energia de amor envolvendo todo seu corpo e todas as suas células neste momento.

O que é seu é seu, simples assim. Um atraso não significa que algo foi negado, mas que você deve confiar que o melhor está chegando. Um obstáculo não significa um não, é apenas um redirecionamento para a felicidade. Antes de ficar impaciente, duvidoso ou desanimando, lembre-se de que nada pode impedir sua vitória. Hoje, fique esperançoso e acredite que tudo está sempre fluindo para você.

Os sonhos que estão em seu coração vão se realizar assim que você direcionar sua energia para que eles saiam do papel; e quando perceber que possui todas as habilidades para isso. Você nunca esteve e jamais estará sozinho. Sei que, muitas vezes, se sente perdido e angustiado; sei também o que existe no seu interior, que é incrível, e meu amor por você é ilimitado.

Esta situação atual está convidando você a uma percepção maior da sua realidade. Perceba que não existe punição, apenas respostas às vibrações, e esta é uma oportunidade incrível de expandir a sua consciência. A mudança começa agora neste momento em que você está despertando. Energias de renovação estão chegando à sua vida.

Os obstáculos que surgem no seu caminho o fazem ir além. Observe tudo que pode aprender com todas as situações que se apresentam para você. Não há lugar dentro de si onde a criatividade não se manifeste. Entregue-me o medo e será invadido por uma fé inabalável. Por meio de sua fé e ação possibilidades serão apresentadas. Você é divinamente amado e guiado.

*O equilíbrio emocional que busca está em confiar nos planos que tenho para você.
O medo ainda o impede de se entregar, mas hoje eu quero falar com o seu coração, quero falar de maneira que se sinta acolhido.
Você pediu por respostas e elas estão chegando de várias formas.
O meu amor por você é incondicional.*

*Existem ciclos que precisam ser finalizados por você. Tenha coragem de se permitir viver de maneira leve. Tire um tempo para si, silencie e, então, respostas vão começar a surgir. A resposta certa vai acalmar seu coração. Não tema, estamos juntos. Você está neste plano para evoluir e ser feliz.
Há oportunidades incríveis aguardando a sua coragem, não adie mais a sua felicidade. Sinta o meu amor envolvendo cada célula do seu corpo.*

A sua fé será capaz de trazer paz para o caos interno que se instalou. Nada acontece sem que haja um propósito maior. Observe se você não está resistindo às mudanças. Abrir mão do controle é importante quando um ciclo se encerra. Lembre-se de que tudo é cíclico e que, resistindo a esse processo, você acaba impedindo que o novo se manifeste. As portas vão se abrir e uma chuva de bênçãos cairá sobre você. Entregue, confie, aceite e agradeça.

Muitas mudanças que estão acontecendo em sua vida lhe indicam uma nova direção, talvez muito diferente do que já tenha experienciado até o momento. O medo e a insegurança não podem paralisá-lo quando você confia em minhas promessas para sua vida. O caminho é diferente, mas é seu e valerá a pena. As portas serão abertas para você. Não tema, estamos juntos.
Vem coisa boa por aí, siga adiante.

Você vem pedindo a solução para vários desafios que estão acontecendo em sua vida. Sei que, em meio a esse turbilhão de emoções, você não consegue ver uma saída.
Esta mensagem vem confortar seu coração e dizer que esse ciclo está chegando ao fim. Confie no meu amor por você, que é infinito, respire fundo e sinta-se envolvido por esse amor incondicional que está lhe trazendo o equilíbrio. Palavra do dia: confiança.

O que você transmite genuinamente sempre voltará de forma elevada para si mesmo. Observe a sua intenção atrás de sua ação. Quando seu desejo é movido por querer manipular ou controlar algum resultado, você acaba fechando as possibilidades de recebimento, mas quando sua verdade vem do coração, você se alinha com o que há de melhor, criando um solo fértil para que sua colheita seja infinitamente abundante.
Confie em mim e receberá sempre o mais adequado.

Esta ansiedade está deixando seu coração apertado. Ouvi todas as suas súplicas. Mantenha o amor em seu coração, em breve a tempestade se acalmará e um novo ciclo se iniciará. Abrace a mudança sem medo ou resistência, é hora de viver em verdade. Você não está sozinho, existem muitos trabalhadores da luz auxiliando nesta fase de transição. Vibre no amor.

*Sei exatamente como você está
se sentindo perdido. O medo tomou
conta do seu coração e, agora, não
consegue ouvir sua intuição.
Estou enviando este sinal para dizer
que tudo ficará bem; o caminho que
você deve seguir será aquele que acalma seu
coração. Pare um pouco, respire e
deixe o meu amor envolver o seu ser.
Não se apegue aos seus pensamentos, apenas
os deixe passar. Viva de acordo com a
sua verdade e eu estarei amparando você.*

Esta angústia em seu peito chegará ao fim, sei que foram momentos desafiadores, mas também de muito crescimento.
Observe os aprendizados dessa situação e agradeça por tudo que experienciou.
O seu corpo fala com você o tempo todo, ele responde diretamente a suas emoções.
Pare, ouça, e caso o que sinta gere desconforto, você pode decidir agora mesmo alterar isso, mudando os seus pensamentos.
É tempo de cuidar de si e se permitir receber meu amor e auxílio. Você é merecedor.

*Você terá a vida que tanto sonha
a partir do momento em que perceber que
PODE ser feliz não apenas em uma área de
sua vida, mas também em todas.
Não há condicionamento; ele só existe
para quem acredita nele. Tire a venda que não
deixa você enxergar as possibilidades
que tenho reservado para sua vida.
Não se sinta culpado por querer evoluir e
desejar o melhor, isso é seu direito.
Crer que é possível é o primeiro passo.*

Hoje estou convidando-o para tomar as rédeas da sua vida pela energia da disciplina. Você é capaz de sacudir o mundo se colocar o foco onde realmente deseja. Tire os projetos e os sonhos da gaveta, coloque uma boa dose de ação e conte comigo na condução do melhor caminho para a realização deles. Este mês muita coisa boa vai acontecer. Confie, já é seu!

*Você está a um passo de realizar o que deseja em seu coração. O que fará com que esse sonho se manifeste é a confiança de que você já o realizou. Agradeça de todo seu coração no presente, como se o que quer já tivesse se manifestado.
As palavras do dia são:
confiança e gratidão.*

Deixe de lado o apego.
Melhores oportunidades estão se abrindo para você. Se suas mãos estão firmemente fechadas segurando o passado, não poderá receber tudo o que está chegando até você.
É hora de sonhar grande novamente.
O próximo passo é desapegar do que já foi para que o novo se materialize. Seus desejos foram recebidos e estão prestes a se realizarem. Em breve, o caminho que você percorreu fará sentido. O que é seu é seu.
Nada poderá paralisar o seu crescimento.

O medo será dissolvido por meio de sua fé.
É tempo de resgatar projetos que fazem sua alma vibrar, os quais, por algum motivo, você abandonou, mas estou aqui para tocar seu coração e retirar todos os véus que o impedem de acessar a grandeza de sua alma.
Você possui todas as habilidades necessárias para manifestar os seus sonhos.
Nosso trabalho é em conjunto, e você jamais estará sozinho.
Siga, pois é tempo de manifestar.

Hoje o convido a perceber a grandiosidade de cada degrau em sua caminhada, um após o outro, sem pular etapas. Quando os desafios chegam, eles estão preparando você para aquilo que tanto deseja. Tire todos os aprendizados deles e siga seu caminho, não fuja ou desista, você tem muito para contribuir aqui. Confie na sua força e sabedoria interiores. Eu falo com você por intermédio do seu coração. Escute-o.

Nem sempre tudo vai sair conforme seu planejamento. Você idealizou seus propósitos de forma linear e, quando o primeiro desvio aconteceu, pensou em desistir de tudo. Pode ser que agora esteja em meio ao caos. Todas as experiências pelas quais está passando são uma contribuição para a realização do que realmente merece, e o que eu tenho para você não é pouco. Confie no meu tempo e em meus redirecionamentos, na certeza de que tudo acontece para o bem maior.

Olhe para você neste instante e simplesmente agradeça por ser exatamente assim como é e por estar despertando para uma nova maneira de vibrar. Sua resiliência, fé e coragem estão levando-o à realização de suas manifestações. Não desanime agora, em breve você perceberá a importância de cada passo desta caminhada.
Você está divinamente amparado e guiado pela espiritualidade.
Algo grandioso se aproxima.

Este sentimento de vazio em seu peito chegará ao fim, assim como todo o peso que carrega em seus ombros. Muitos acreditam que para que haja expansão e crescimento é necessário o padecimento.
Eu quero auxiliá-lo, a fim de que retire essa ilusão de seus olhos. Você pode crescer por meio do amor e, para isso, basta a tomada dessa consciência mediante o mergulho no seu coração, ele é o portal de conexão entre você e sua centelha divina. Volte-se para dentro e o caminho se mostrará.

*Sei o quanto está angustiado,
mas é apenas um momento desafiador que logo passará. Não se desespere em virtude do medo. Pare um pouco, cuide de si e aquiete seu coração. Esses desafios têm um propósito muito maior, o fim de um ciclo significa o início de outro. Em breve, você vai perceber que tudo o que aconteceu foi para o bem maior. Aprenda a confiar e soltar. Vem muita coisa boa por aí.*

Sei o quanto está se sentindo perdido em meio ao caos, muitas respostas estão sendo enviadas para você por diferentes meios. Esteja receptivo para receber todo o auxílio e suporte. Silencie e poderá me ouvir sempre por intermédio do seu coração.
A resposta de suas orações está chegando da melhor e da mais elevada maneira.

Esteja receptivo e acolha o que está acontecendo como um degrau evolutivo em sua jornada. Mudanças estão se manifestando em sua vida, e trabalhando o seu desapego e o poder de soltar.
Não há o que temer, solte seus medos em minhas mãos e eles serão dissolvidos pelo amor que sinto por você.
Tudo o que tenho é seu, sinta-se merecedor do que há de melhor e tudo lhe será acrescentado.

Não deixe que o medo e a insegurança impeçam você de dar o próximo passo em direção aos seus sonhos. As portas se abrem diante da sua coragem, mantenha a confiança acesa em seu coração e faça o que precisa ser feito. Em nenhum momento, eu o desamparei e agora não será diferente. Esteja aberto para receber a direção de sua jornada; pela sua intuição eu me conecto com a sua centelha divina. Já deu certo.

Você vem se maltratando com palavras e ações, pois ainda não percebeu o quanto sua essência é divina. Sei que está sentindo os processos de evolução cada vez mais rápidos e intensos. Mantenha o foco em suas transformações internas, medite para que cada vez mais você vá se recordando de sua verdadeira essência. Lembre-se de que existem seres de muita luz prontos para auxiliá-lo, basta chamar que lhe enviaremos o amparo necessário.

Sei que existem muitos conflitos internos e questionamentos aí com você. Embora não veja uma saída, esta mensagem vem para aquietar seu coração. Tudo o que está acontecendo fará muito sentido em breve. Não tenha medo, pois eu não o deixarei desamparado nenhum dia. Este é o momento de grande expansão. As respostas de suas orações estão chegando.

*Vibrar no medo baixa totalmente a sua frequência. Sei o quanto o momento presente está desafiador. Por pior que possa parecer o cenário atual de sua vida, acredite que nada deu errado, apenas não aconteceu conforme suas expectativas. Esta tempestade está levando-o em direção aos seus sonhos internos que tanto vem me pedindo.
Hoje eu lhe peço confiança, pois portas estão se abrindo.*

Toda vez que você se trata como realmente merece e que respeita a verdade do seu ser infinitas possibilidades surgem em seu caminho. É hora de vibrar na verdade. Não negue a sua essência para ser aceito.
Seu espírito é livre e único. A aprovação e a aceitação partem de si mesmo. Meu amor por você é ilimitado, e você pode transformar a sua realidade sempre que perceber a potencialidade de sua alma.

Talvez você não entenda o que está acontecendo agora, o que está acontecendo em sua vida. Toda essa movimentação é para que entre em ação e descubra seu poder.
Você pediu por mudanças, mas é a sua ação que colocará toda essa energia da manifestação em movimento em sua vida.
Não deu errado, apenas aja e confie.
Já deu certo da maneira mais elevada.

Em breve você estará vibrando por algo especial que chegará à sua vida. Permita-se silenciar para ouvir o meu direcionamento. As portas que se fecharam foram apenas para lhe mostrar que existem outros caminhos para você. Honre o chamado da sua alma, esteja pronto para o melhor. Você está sendo divinamente protegido e guiado.

O que você deseja já está disponível.
Não deixe que o medo ofusque sua visão.
Você está sendo preparado para receber as
bênçãos que tem pedido. Se recebesse tudo o
que sempre quis neste mesmo segundo,
ainda haveria partes de sua alma que
se sentiriam insatisfeitas. Diminua a
velocidade e saboreie cada etapa de sua
jornada. Aceitar sua bênção é fácil,
mas abraçar o tempo que leva para
configurá-la é onde a magia realmente está.

*Existe uma grande onda de abundância vindo em sua direção, e você pode se sentir paralisado diante dela. Existem duas opções: uma é continuar preso ao medo do novo; e a outra é soltar tudo aquilo que impede o seu crescimento e surfar nessa onda.
O livre-arbítrio é seu e você pode escolher.
A abundância está disponível para quem se joga na vida. Aproveite as oportunidades que estão surgindo, o crescimento é
para você. Você aceita?*

*Muito em breve você contará uma história diferente. Uma história de como milagres o encontraram. Uma história de sucesso repleta de inspiração.
Você dará muita esperança a várias pessoas quando virem o quanto superou e ainda ficou por cima. Tudo está se desenrolando agora. Continue firme!*

Acalme seu coração.
Sei exatamente tudo pelo que vem passando e o que está sentindo. Seu coração é nobre e cheio de luz, nunca duvide disso. Agora é o momento de levantar e vencer.
Agradeça por todos os aprendizados, tem muita coisa boa chegando à sua vida.
Este é o sinal que você tanto vem pedindo.

Seja grato porque a vida oferece uma segunda chance, novos começos e oportunidades ilimitadas para mudar de rumo. Se você confia no universo como afirma que confia, por que duvida de suas manifestações? Pare de ser impaciente, questionando o seu merecimento. Seu caminho já está fluindo. Seu amor já está alinhado. Sua abundância já está disponível.
Seu sucesso já está definido.
Renda-se ao processo.

A porta que estava esperando finalmente será aberta por você. O universo está ansioso para mostrar todas as bênçãos que lhe estão reservadas. Você está na reta final de outro capítulo transformador. Sorria, sabendo que tudo está chegando a um fim pacífico. O que você espera do outro lado dessa porta está além de qualquer coisa que já visualizou. Prepare-se para se surpreender. As surpresas divinas estão chegando à sua vida.

Embora você não possa ver agora o desfecho desta situação, em breve se surpreenderá com a forma como tudo vai se desenrolar. Não vai ser o pior cenário possível, como sua mente está lhe dizendo. Vai ser melhor e mais incrível do que possa imaginar. Seja paciente e confie.

*Há uma mudança prestes a acontecer. Prepare-se para isso. Você já passou por muitos desafios internos e um avanço está a caminho. Renda-se ao processo e ao tempo, deixando a preocupação de lado.
Limites, medo e vergonha não podem ocupar o mesmo espaço que prosperidade, esperança e valor. Acredite na fluência divina e na abundância que está destinada a você.*

*Assim que você perceber que é merecedor e agir como um, o universo começará a mover as coisas para que tenha uma vida abundante. As pessoas de que precisa aparecerão; a cura de que necessita acontecerá; as portas de que precisa vão se abrir, serão desbloqueadas.
À medida que você enxergar
o seu tamanho e valor,
as bênçãos chegarão.*

Que a energia de renovação do universo lhe transmita muita esperança e fé. Chegou a hora de transformar dor em aprendizado, raiva em perdão e reclamação em gratidão. Sei que o momento está bem desafiador, mas confie. Existem seres de muita luz que o guiam e protegem.
Acredite: você nunca esteve e nunca estará desamparado.

O caminho se faz caminhando.
Coloque a intenção e dê o primeiro passo.
Você espera por um caminho perfeito, mas se esquece de que todos os caminhos
são apenas caminhos, e de que eles o levam para o aprendizado e o crescimento.
Não se prenda à ilusão da comparação, ela cega sua visão e paralisa sua trajetória.
A resposta para o seu coração é: comece.

Você está prestes a receber a bênção mais inesperada de sua vida. Está a um passo de descobrir o motivo pelo qual sua alma teve de reunir toda aquela paciência, humildade e fé. Logo experimentará a magia rara e incomparável de um milagre.

Apenas observe. Um dia, muito em breve, nada será como antes. Seu caminho está prestes a mudar para o bem maior de sua jornada. Seu crescimento recente será recompensado da maneira mais profunda e gratificante. Fique atento, pois eu não me esqueci de você.

Há muitas surpresas reservadas para você. Justamente quando pensa que tem tudo planejado, o universo está definindo para entregar acima e além dos seus sonhos. Você não veio aqui para ter só um pouquinho ou somente uma parte: você merece o melhor. Expandiu sua consciência e agora cada aspecto de seu ser está seguindo o exemplo. Você vai se apaixonar pela vida que está manifestando. Vamos cocriá-la o quanto antes.

Muitas portas abertas lhe foram apresentadas em sua vida, mas você optou por não passar por elas naquele determinado momento, por medo, dúvida ou outras circunstâncias que o levaram a ir embora. São manifestações que estiveram prontas para você, no entanto, você não estava pronto para elas.

Isso mudou agora. A expansão de sua consciência criou uma janela de oportunidades. Você tem uma tonelada de presentes embrulhados que estão esperando por sua atenção. A vida está prestes a ficar ainda mais interessante para você.

Você está cansado, pois as lições que estão chegando são para gerar o movimento necessário para a realização do que deseja. Pare de brigar com o fluxo da vida e se movimente por meio dele. Tudo expande e cresce o tempo todo, e com você não seria diferente. É tempo de realização para a manifestação. O período da colheita próspera se aproxima. Esteja preparado para receber o melhor e mais elevado.

Você tem tudo de que precisa para crescer e contribuir com seu propósito, mas ainda está apegado aos velhos condicionamentos e às opiniões externas. A verdadeira liberdade e a prosperidade vêm quando você se liberta do medo do julgamento. Ouça as suas intuições e coloque suas ideias em ação. Existem leis universais que favorecem esta jornada quando colocadas em prática. O seu momento divino se aproxima, prepare-se.

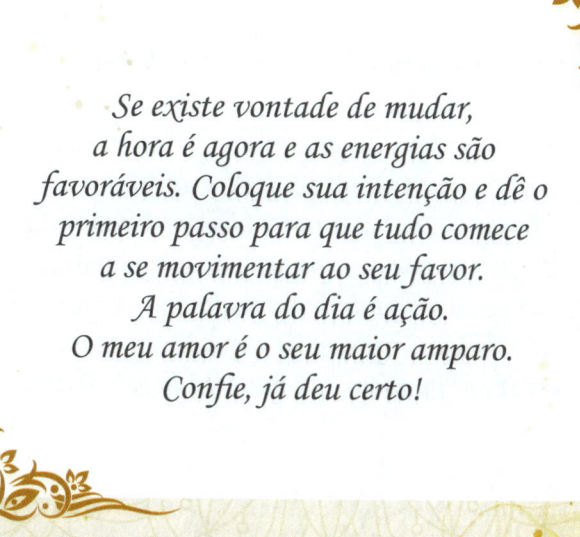

*Se existe vontade de mudar,
a hora é agora e as energias são favoráveis. Coloque sua intenção e dê o primeiro passo para que tudo comece a se movimentar ao seu favor.
A palavra do dia é ação.
O meu amor é o seu maior amparo.
Confie, já deu certo!*

Você tem vivido experiências dolorosas, e eu sei exatamente como é desafiador este momento. Perceba que todo sofrimento vem de um grande apego, e esse apego está bloqueando que o novo chegue à sua vida. Experimente desapegar e esteja preparado para se surpreender com tudo que chegará em sua vida. Confie, pois você é merecedor de viver em plenitude, e ela está bem próxima.

Você poderia facilmente ter perdido esta mensagem hoje, mas ela chegou até você. Se chegou, é porque você está pronto para o que está por vir. Algo incrível está para acontecer em sua vida. Não se deixe enganar pela forma como as coisas estão atualmente, o universo está apenas abrindo espaço para que o novo se manifeste. Algo grande espera por você logo atrás deste desafio atual. As coisas estão prestes a se acalmar e mudar para você muito em breve. Grandes mudanças estão prestes a ocorrer.

Os capítulos podem mudar em um instante. Acredite que em breve você estará contando uma história diferente. Uma história de como seus milagres se manifestaram. Uma história sobre como a abundância se materializou do nada. Uma história de como o amor chegou e o surpreendeu. Uma história sobre como você venceu e triunfou. Todas serão lindas narrativas sobre como você criou sua felicidade, porque se dedicou à pessoa mais importante da sua vida: você.

*Você tem uma alma incrível.
Pare de se arrepender de ser uma pessoa boa.
Quem quer que tenha passado pela sua vida
precisava de sua luz naquele momento.
Você permanece gentil e comprometido
com o seu amor. Não ouse duvidar do seu
valor ou da beleza da sua verdade.
Apenas continue brilhando
como sempre faz.*

*Em breve você estará rindo de alívio por este ciclo ter se finalizado.
Eu estou amparando-o em todos os instantes, seu próximo passo vai exigir que você confie na sua intuição, pois é por meio dela que sussurro seus próximos passos.
O caminho se faz caminhando, um novo ciclo se iniciará em breve e você desfrutará de muitas bênçãos. Se precisar, pare um pouco e descanse, mas não desista dos seus sonhos.
Eles irão se manifestar.*

Esta mensagem está chegando para você agora para lhe assegurar que vai ficar tudo bem. Respire, relaxe um pouco, sei o quanto anda se sentindo sobrecarregado, mas é preciso aprender a desfrutar durante o caminho também. Esta mensagem não é para a sua mente receber, é para a sua alma sentir. Nos bastidores, melhorias estão em andamento, pessoas estão sendo reunidas para ajudá-lo. Elas estão sendo inspiradas a entrar em contato com você. Bênçãos estão sendo enviadas em sua direção. Aquilo que você deseja e pelo qual orou já é seu.

O que é para ser seu tem muita força e vai se realizar. Acalme seu coração,
esta tempestade vai passar, ela apenas está fazendo com que você se coloque em movimento para novas direções. Solte o apego aos ciclos que se encerraram.
Você merece fluir. Aprenda com tudo o que já lhe aconteceu, mas não fique preso
ao passado. Quando você solta o controle, a vida o surpreende das formas mais improváveis e muito além do que você
já pediu em suas orações.

*Nem antes, nem depois, é no tempo
certo. Não há atrasos, há preparação.
Sim, você está em processo de crescimento, e
pode se orgulhar por tomar a decisão
diária de se autodesenvolver.
Vai valer a pena. Muitas portas estão
para se abrir diante de você.
Não se distraia com a comparação,
ela é apenas uma ilusão da sua mente.
O que é seu é seu. Em breve, você estará
acessando uma nova realidade. Prepare-se.*

Muitos ciclos estão se finalizando em sua vida, pois já cumpriram o seu papel e lhe trouxeram os aprendizados necessários. Agora chegou a hora de desapegar e se abrir para as infinitas possibilidades que estão sendo direcionadas para você. Fique tranquilo, porque eu não irei desampará-lo, confie no desfecho dessa situação. Tudo acontece em razão de um propósito maior. Tem coisa boa vindo por aí.

Você não é os seus problemas. Sei que na hora da angústia se identifica com eles, mas hoje quero falar para o seu coração. Você é muito maior do que qualquer adversidade. As soluções estão chegando: já pode secar as lágrimas e voltar a sorrir.
Você vai desfrutar de muita prosperidade, amor, paz e alegria; você merece, é um afortunado.

Aprenda a confiar que há um futuro cheio de infinitas possibilidades esperando por você, o qual está além do que pode compreender neste momento presente. Não deixe que a dúvida ou o medo o impeçam de acessar o que é seu por direito. Continue cuidando do seu processo de expansão como a sua maior prioridade. Sua missão é crescer e contribuir. Você está indo muito bem. Em breve será surpreendido.

Aceitar aquilo que não se pode mudar não é passividade, mas sabedoria e abertura para os aprendizados que vão conduzi-lo para tudo aquilo de bom e grandioso que almeja. Você está quebrando muitos padrões e isso pode estar lhe gerando desconforto, mas calma, esse momento também vai passar. Aprenda a desfrutar durante a sua caminhada. Surpresas e bênçãos diversas estão sendo enviadas. Apenas receba e confie.

Uma nova fase de sua vida acaba de ser desbloqueada. Você está fortalecendo a sua confiança. Essa era a chave que precisava encontrar o tempo todo. Você mudou de tal maneira que somente você e o universo poderiam entender. A quantidade de fé que possui agora é esmagadoramente maior do que qualquer medo que uma vez o tenha reprimido. Toda magia que precisa descobrir vai surpreendê-lo inesperadamente. Este capítulo de sua vida não é nada parecido com os outros, é significativamente maior e melhor. Você merece!
Aceite os meus presentes.

O que vem do seu coração tem tanto poder! Eu o direciono por meio dele. Abra-se para novos caminhos e possibilidades que estão se apresentando para você. Confie na minha promessa, ela vai ser cumprida, mas para isso acontecer é preciso fé, é indispensável soltar a necessidade de controle.
Você está prestes a entrar no fluxo de abundância e prosperidade.
A providência está chegando agora.

Eu conheço seu coração, sei da sua verdade. Você já pode ter falhado sim, mas está vibrando na culpa, e isso drena a sua energia e crescimento. Você agiu com a consciência que tinha, olha o quanto já mudou. Não há do que se culpar quando há aprendizado e mudança. O fluxo da prosperidade está disponível para você acessar na hora em que se perdoar. As bênçãos são suas, não as negue por não se sentir merecedor.

*Em momentos como estes,
quando sua alma se sente cansada,
a gratidão é o melhor antídoto com o qual
pode se conectar. Quando seu coração se sente
perdido, a fé será como uma bússola que o
guiará. Você está sendo preparado para algo
grandioso, por isso sua alma foi submetida
a um teste após o outro. Levante sua cabeça
para o céu e agradeça pela bênção que está
chegando. Seu tempo no escuro está
terminando. Um novo capítulo cheio de luz,
amor e abundância está prestes a começar.*

Talvez eu coloque alguns sonhos em seu coração que não façam sentido algum para as outras pessoas, mas eles só precisam fazer sentido para você. A semente que está sendo plantada em seu coração vai gerar lindos frutos. Confie em mim e fortaleça a sua fé: ela será fundamental para manifestação de todas as suas bênçãos. Aquele pedido do seu coração, aquele que só você e eu sabemos, vai se realizar. Receba meus presentes.

Eu sinto a aflição em seu coração, também ouvi seu choro, mas esta mensagem vem para acalentar seu coração e trazer paz para sua alma. Tudo que aconteceu tinha um propósito, olhe o quanto cresceu. Agora chegou o momento da colheita e ela será abundante. É hora de desfrutar durante o processo, de erguer sua cabeça e se lembrar de quem você é.

Você entrou em uma fase em que as coisas vão se encaixar para si, provavelmente quando você menos esperar, o impossível de repente se tornará possível.
Prepare-se para receber suas bênçãos.

Até os sonhos do seu coração, quem colocou dentro de você fui eu, portanto, lhe darei recursos necessários para vivê-los. Oferecerei todas as ferramentas necessárias para viver o melhor desta vida. Então, levante a cabeça e comece a agradecer tudo o que vivenciou até aqui e pelo que virá. Em breve, você irá se surpreender com tudo que chegará.

Esta angústia vai acabar quando me entregar seus medos. Não há o que temer quando você tem certeza de que estou ao seu lado. Seja verdadeiro consigo e honre o chamado do seu coração: por mais louco que possa parecer o seu sonho, ele se realizará. Cresça e transborde a sua abundância na vida de outras pessoas, e suas bênçãos serão multiplicadas. Prepare-se para o que você viverá.

*Não conte a todos sobre as
sementes que está plantando.
Deixe-as crescer sem a perturbação da energia
externa. Seus objetivos estão seguros comigo.
Há uma enorme quantidade de
poder no silêncio. Sua voz é a única que seus
sonhos precisam ouvir no início.
Acredite em suas habilidades o
suficiente para saber que sua magia
não precisa de ninguém para ativá-la.
Confie neste momento de sua jornada.
Sua melhor fase se aproxima.*

Esta mensagem está sendo colocada diante de você hoje, neste exato momento, para lhe assegurar que tudo vai ficar bem. Respire, relaxe. Há uma mão divina guiando-o, auxiliando-o naquilo que você está enfrentando atualmente. Não duvide desta mensagem, não é para sua mente receber, é para sua alma sentir. Nos bastidores, melhorias estão em andamento, pessoas estão sendo reunidas para ajudá-lo, elas estão sendo inspiradas a entrar em contato com você. Milagres estão sendo enviados em sua direção. Aquilo que você deseja e pelo qual orou já está feito.

Este ciclo se inicia com uma nova energia. Deixe o passado como aprendizado e permita-se seguir em frente. Este será o mês em que muitas portas serão abertas. Algo novo se aproxima. Então, para receber esses presentes que estou lhe enviando, é preciso coragem para soltar o que não agrega mais e finalizar os ciclos que precisam ser encerrados. As minhas promessas vão se cumprir, aceite e receba o melhor.

Você nunca estará só.
Sei que o fardo está pesado e hoje eu o convido a me entregar seus medos e anseios, esta mensagem é para você não desistir de si mesmo. Seu coração é nobre, você alcançará o êxito, pois é merecedor. Estou ao seu lado nesta caminhada. Sinta todo meu amor por você e ele renovará suas forças para que possa continuar. Se for preciso, recalcule a rota ou mude a direção, faça isso, mas não desista. Em breve, você estará celebrando a sua coragem.

Soltar o controle é dizer que você confia nos meus planos para sua vida. Sabe aquele não que recebeu? Ele foi um grande livramento e impulso para o seu crescimento. O que está para chegar à sua vida é muito melhor do que possa imaginar. Eu honrarei a sua confiança. Nada acontece sem um propósito maior. Nem adiantado, nem atrasado, será no momento mais elevado. Não se compare com ninguém e siga minhas orientações por meio do seu coração.

É hora de fortalecer a sua fé. Muitas vezes, você não vê saída para tantos desafios, pois está buscando a solução no exterior, é preciso despertar os olhos da alma por intermédio da conexão com o coração. Eu falo diretamente com você por meio do seu coração. Mensagens importantes chegarão para você. Um novo e grandioso ciclo está para iniciar em sua vida. Que essa mensagem acalente seu coração, pois eu não me esqueci de você!

*Não perturbe seu coração
com aquilo que não se pode controlar.
Mantenha seu foco no seu bem-estar. Deixe
suas preocupações em minhas mãos por meio
de sua fé. A porta que se fechou não era sua.
O que tenho para você exige preparação,
que é exatamente o que está acontecendo
agora. Você está sendo cuidadosamente
preparado. Acalme sua mente e agradeça
por todas as bênçãos concedidas
até aqui e pelas que virão.*

*Eu tenho muitas bênçãos para você.
Porém, muitas vezes, quando elas chegam,
você as nega ou rejeita pelo motivo de virem
diferentes das expectativas do seu ego.
O momento atual exige uma decisão,
um posicionamento que parte de você.
Quando caminha com fé, todas as portas se
abrem. Você experienciará grandes momentos
quando decidir abrir mão do controle. Confie.*

A segurança que você tanto busca não está em querer controlar as situações, mas na sua entrega a mim, no amor que derrama sobre si e nos outros. Suas conquistas já estão prestes a se materializarem. Para ter o acesso às minhas promessas, basta que você confie em tudo o que está acontecendo e vem lhe preparando para o que deseja. Acredite: já é seu.

Quantas tempestades você já passou e saiu mais forte? Sempre estive ao seu lado e, desta vez, não será diferente. O cenário pode ter mudado, mas o meu amor por você nunca mudará. Encerre os ciclos que precisam ser encerrados, e permita-se lançar em algo totalmente novo. A providência chegará e você voltará a sorrir.
Você está entrando em um novo ciclo emocional, mental e espiritual.

*Diante de seus maiores desafios,
você pensa que está desamparado,
mas essa sensação é apenas um engano da
mente. Meu amor e amparo o
acompanham 24 horas por dia.
Não há o que temer.
Liberte-se de seu próprio julgamento
e reconheça o quanto já expandiu a
consciência. A porta que tanto
deseja vai se abrir, você merece.*

O desfecho desta história vai surpreendê-lo com o tamanho do seu crescimento e evolução. Não tema o futuro, estou de mãos dadas com você. Em muitos momentos, eu o carrego em meus braços. Há instantes que pedem uma pausa para colocar o coração e a mente em ordem. Não existem atrasos em suas realizações, há preparação e o tempo certo. Você se surpreenderá!

Hoje o dia lhe traz um convite para que você olhe para todos os ciclos e as situações que precisam de um ponto-final.
Muitas coisas já cumpriram o seu papel e lhe trouxeram os aprendizados necessários.
Deixe-as ir para que as novas oportunidades cheguem de maneira leve. Hoje um grande campo de infinitas possibilidades se abre diante de si.

O tempo de prosperidade chegou. Aceite e receba tudo que tenho a lhe oferecer. Esqueça a voz que diz que você não é merecedor e que determinados sonhos não são para você. Solte toda a culpa e a tensão, elas não combinam com a frequência da abundância. Dentro de si estão todas as virtudes necessárias para criar o que quiser. Aceite e receba as bênçãos.

*O recomeço pode ser desafiador, mas será o início da melhor fase da sua vida.
Compreenda que muitas mudanças estão ocorrendo em sua existência, chamando-o para um despertar. As vendas dos seus olhos estão saindo, e agora você começa a ter mais clareza sobre a situação atual de sua vida.
Em breve, todo esse movimento fará sentido.
Estou com você e você está em mim.*

Sei que está cansado e confuso com os últimos acontecimentos, mudanças de paradigmas estão ocorrendo. Você está evoluindo a cada dia, a sua existência não é um engano. Há um plano muito maior para você. Se o medo chegar, não dê ouvidos e volte ao seu centro, estarei sempre de prontidão para acolhê-lo. Você está mudando de fase, permaneça com sua fé.

Pode até não ter dado certo das outras vezes, mas não deixe que o medo de recomeçar o paralise em direção àquilo que você mais deseja manifestar.
Tire um tempo para estar de fato no momento presente, em que o ego não possa desanimá-lo. Existe um mestre interior aí dentro de si pronto para guiá-lo pelo melhor caminho.
Você só precisa confiar mais em si mesmo. Você é luz.

O direcionamento que deseja chegará no momento em que você se mantiver no aqui e no agora. O passado lhe trouxe diversos aprendizados e o futuro será criado neste instante. Não tema, eu caminho lado a lado consigo. Os caminhos já estão sendo abertos por você, continue em movimento, a colheita será muito abundante.

*Acredite, esta tempestade vai passar.
Você pode até não enxergar nenhuma solução
ou motivo para tudo o que está acontecendo,
mas a espiritualidade está pedindo para que
acalme seu coração e confie, logo tudo isso
fará sentido. Vai dar certo exatamente
da maneira que acontecer. Solte.*

Uma grande mudança está chegando à sua vida de forma muito positiva.
Uma enorme onda de infinitas possibilidades se abre diante de seus olhos. Seu espírito já antecipou as mudanças que estão vindo em sua direção, agora é hora de sua mente e coração alcançá-las. Um novo mundo de oportunidades, de descobertas e de abundância ilimitada está se abrindo para você. Abrace essa energia, ela está disponível para si. Prepare-se para seguir em frente com graça e gratidão.

Confie no processo de sua vida, agora mais do que nunca. Desejo que esteja em paz onde você está, antes que eu o impulsione para onde deseja ir. Renda-se às suas expectativas e aproveite ao máximo o seu presente, infundindo gratidão em todos os seus pensamentos. Reconheça as bênçãos em sua vida que já lhe foram concedidas. Reconheça também cada sonho realizado e eles se multiplicarão. Você nunca será colocado em uma tempestade na qual não possa navegar para sair. Compreenda, não quero que você entre em colapso, mas que se liberte! Seu capítulo de ouro começa agora.

A grande oportunidade que você está pedindo já está se manifestando melhor do que possa imaginar. A prosperidade pela qual está esperando pacientemente já está sendo direcionada a você. Lembre-se de que o milagre que está esperando pode se manifestar a qualquer momento. No minuto em que você solta e confia que já é seu o que tanto pede em oração, esse é o momento em que tudo lhe será entregue.

*Nada dá errado, tudo tem um propósito maior. Você pede por mudanças em suas orações e elas chegam de diversas formas, exigindo de si uma nova postura, novas ações e movimento.
Em breve, colherá os frutos plantados.
Por ora, desfrute de cada etapa do processo.
Você está se desenvolvendo e vem aí uma chuva de prosperidade em sua vida. Prepare-se.*

Perdoe-se. Você não tinha antes a consciência que tem hoje. Todos os caminhos pelos quais passou foram de grande contribuição. Agradeça por cada etapa desse processo chamado despertar. A gratidão abre as portas da prosperidade, que é sua por direito e da qual você está prestes a desfrutar. Para o dia de hoje, autoperdão, confiança e gratidão.

CAMINHO

Conheça nosso site

@editoraquadrante
@editoraquadrante
@quadranteeditora
Quadrante

JOSEMARIA ESCRIVÁ

CAMINHO

13ª edição

Tradução
Alípio Maia de Castro

◣ QUADRANTE
São Paulo
2022

Título original
Camino

Copyright © 1999 by Fundación Studium

Capa
Gabriela Haeitmann

Com aprovação eclesiástica

Dados Internacionais de Catalogação na Publicação (CIP)

Escrivá de Balaguer, Josemaria, Santo, 1902-1975
   Caminho / Josemaria Escrivá : tradução de Alípio Maia de Castro. – 13ª ed. – São Paulo : Quadrante, 2022.

   Título original: *Camino*
   ISBN: 978-85-54991-30-2

   1. Vida espiritual – Igreja Católica I. Título

CDD-248.4

Índice para catálogo sistemático:
1. Vida espiritual : Cristianismo 248.4

Todos os direitos reservados a
QUADRANTE EDITORA
Rua Bernardo da Veiga, 47 - Tel.: 3873-2270
CEP 01252-020 - São Paulo - SP
www.quadrante.com.br / atendimento@quadrante.com.br

SUMÁRIO

Introdução 7
O autor 9
Nota editorial 13
Prólogo 23

CARÁTER 25
DIREÇÃO ESPIRITUAL 39
ORAÇÃO 45
SANTA PUREZA 53
CORAÇÃO 61
MORTIFICAÇÃO 69
PENITÊNCIA 77
EXAME DE CONSCIÊNCIA 83
PROPÓSITOS 87
ESCRÚPULOS 91
PRESENÇA DE DEUS 93
VIDA SOBRENATURAL 99
MAIS SOBRE VIDA INTERIOR 105
TIBIEZA 111
ESTUDO 113
FORMAÇÃO 121
O PLANO DA TUA SANTIDADE 129
AMOR DE DEUS 137
CARIDADE 143

OS MEIOS	151
A VIRGEM MARIA	157
A IGREJA	163
SANTA MISSA	167
COMUNHÃO DOS SANTOS	171
DEVOÇÕES	173
FÉ	179
HUMILDADE	183
OBEDIÊNCIA	189
POBREZA	193
DISCRIÇÃO	197
ALEGRIA	201
OUTRAS VIRTUDES	203
TRIBULAÇÕES	209
LUTA INTERIOR	217
NOVÍSSIMOS	225
A VONTADE DE DEUS	231
A GLÓRIA DE DEUS	237
PROSELITISMO	241
PEQUENAS COISAS	247
TÁTICA	253
INFÂNCIA ESPIRITUAL	261
VIDA DE INFÂNCIA	267
CHAMAMENTO	277
O APÓSTOLO	285
O APOSTOLADO	293
PERSEVERANÇA	301
Índice de textos da Sagrada Escritura	305
Índice por pontos de textos da Sagrada Escritura	309
Índice analítico	313

INTRODUÇÃO

A ti, caro leitor, vão dirigidas estas linhas penetrantes, estes pensamentos lacônicos; medita cada palavra e impregna-te do seu sentido.

Nestas páginas palpita o espírito de Deus. Por trás de cada uma das suas sentenças há um santo que vê a tua intenção e aguarda as tuas decisões. As frases ficam entrecortadas para que as completes com a tua conduta.

Não dês um passo atrás: a tua vida vai consistir em tornar doce o sofrimento. Para isso és discípulo do Mestre!

O maior inimigo és tu próprio, porque a tua carne é fraca e terrena e tu tens de ser forte e celestial. O centro de gravidade do teu corpo é o mundo; o teu centro de gravidade tem de ser o céu. O teu coração é todo de Deus e hás de consagrar-Lhe inteiramente os seus afetos.

Leitor, não descanses; vigia sempre e está alerta, porque o inimigo não dorme. Se converteres estas máximas em vida própria, serás um imitador perfeito de Jesus Cristo e um homem sem mancha. E com cristos como tu a Espanha voltará à antiga grandeza dos seus santos, sábios e heróis.

Vitória, festividade de São José de 1939.

† Xavier, A. A. de Vitória

O AUTOR

São Josemaria Escrivá nasceu em Barbastro (Espanha), no dia 9 de janeiro de 1902. Em 1918 começou os estudos eclesiásticos no Seminário de Logroño, prosseguindo-os depois no de São Francisco de Paula, em Saragoça. Entre 1923 e 1927 estudou também Direito Civil na Universidade de Saragoça. Recebeu a ordenação sacerdotal em 25 de março de 1925. Iniciou o seu ministério sacerdotal na paróquia de Perdiguera, continuando-o depois em Saragoça.

Na primavera de 1927 mudou-se para Madri, onde realizou um infatigável trabalho sacerdotal em todos os ambientes, dedicando também a sua atenção aos pobres e desvalidos dos bairros mais distantes, especialmente doentes incuráveis e moribundos dos hospitais. Aceitou o cargo de capelão do Patronato dos Enfermos, trabalho assistencial das Damas Apostólicas do Sagrado Coração, e foi professor em uma academia universitária, enquanto fazia o doutorado em Direito Civil.

No dia 2 de outubro de 1928, o Senhor fez-lhe ver o

Opus Dei (Obra de Deus). Em 14 de fevereiro de 1930 compreendeu – por inspiração divina – que devia estender o apostolado do Opus Dei também às mulheres. Abria-se assim na Igreja um caminho novo, destinado a promover entre pessoas de todas as classes sociais a procura da santidade e o exercício do apostolado, mediante a santificação do trabalho de cada dia no meio do mundo. No dia 14 de fevereiro de 1943, fundou a Sociedade Sacerdotal da Santa Cruz, inseparavelmente unida ao Opus Dei. Além de permitir a ordenação sacerdotal de membros leigos do Opus Dei e a sua incardinação a serviço da Obra, a Sociedade Sacerdotal da Santa Cruz viria a permitir mais tarde que os sacerdotes incardinados nas dioceses pudessem participar do espírito e da ascética do Opus Dei, buscando a santidade no exercício dos seus deveres ministeriais, em dependência exclusiva do seu respectivo Bispo. O Opus Dei foi erigido em Prelazia pessoal por São João Paulo II no dia 28 de novembro de 1982: era a forma jurídica prevista e desejada por São Josemaria Escrivá.

Em 1946 Mons. Escrivá passou a residir em Roma, onde permaneceu até o fim da vida. Dali estimulou e orientou a difusão do Opus Dei por todo o mundo, dedicando-se a dar aos homens e mulheres da Obra e a muitas outras pessoas uma sólida formação doutrinal, ascética a apostólica. Por ocasião da sua morte, o Opus Dei contava mais de 60.000 membros de oitenta nacionalidades.

São Josemaria Escrivá faleceu em 26 de junho de 1975. Havia anos, oferecia a Deus a sua vida pela Igreja e pelo Papa. Seu corpo repousa no altar da igreja prelatícia de Santa Maria da Paz, na sede central da Prelazia do Opus Dei. A fama de santidade que Fundador do Opus Dei já tinha em vida foi-se estendendo após a sua morte por todos os cantos do mundo, como mostram os abundantes testemunhos de favores espirituais e materiais que se atribuem à sua intercessão, entre eles algumas curas medicamente inexplicáveis. São João Paulo II canonizou Josemaria Escrivá no dia 6 de outubro de 2002.

Entre seus escritos publicados, contam-se, além do estudo teológico-jurídico *La Abadesa de Las Huelgas*, livros de espiritualidade traduzidos para numerosas línguas: *Caminho, Santo Rosário, É Cristo que passa, Amigos de Deus, Via Sacra, Sulco, Forja* e *Em diálogo com o Senhor*. Sob o título *Entrevistas com Mons. Josemaria Escrivá* publicaram-se também algumas entrevistas que concedeu à imprensa. Uma ampla documentação sobre São Josemaria pode ser encontrada em www.escrivaworks.org.br, em www.opusdei.org e em www.josemariaescriva.info.

NOTA EDITORIAL

Confidência de amigo, de irmão, de pai... para que aflore algum pensamento que te fira; e assim melhores a tua vida e entres por caminhos de oração e de Amor *(Prólogo). Com estas palavras, que nos dão a chave de toda a obra, o autor apresenta este livro, nascido para ensinar a viver dia após dia em união filial com Deus.*

Caminho aparece pela primeira vez em 1934, com o título de Considerações espirituais; *em 1939, data da segunda edição aumentada, recebe o nome atual e definitivo. Ao longo dos anos decorridos desde essas primeiras edições, milhões de pessoas, das mais diversas condições sociais, culturas e meios, encontraram nestas confidências de São Josemaria Escrivá luz e força para reconhecerem a Deus e darem sentido às suas vidas. A sucessão de edições em várias línguas, até atingirem uma tiragem total de milhões de exemplares, é um dos sinais mais claros da acolhida dispensada a este livro. Em breve tempo,* Caminho *converteu-se num clássico da literatura espiritual, numa "Imitação de Cristo dos tempos modernos", como alguns o qualificaram.*

Falar hoje de Caminho *não tem, pois, por fim apresentar um livro já suficientemente conhecido por si, mas refletir sobre os motivos que explicam a sua difusão.*

"Caminho manifesta o caráter eterno da Igreja, bem como as suas inesgotáveis possibilidades de renovação": assim resumia um jornalista francês a impressão que lhe havia causado o livro (Le Figaro, 24-3-64). *Tal é, precisamente, o principal valor de* Caminho: *a profundidade e vitalidade da sua mensagem, a proclamação de que a palavra de Cristo não é palavra morta, mas realidade capaz de transformar a existência de todo o homem que não lhe feche o coração.* Caminho *induz o leitor a encarar de uma maneira pessoal o Evangelho, revivendo a vida de Cristo:* **Não compreendo que te digas cristão e tenhas essa vida de preguiçoso inútil. – Será que esqueces a vida de trabalho de Cristo?** *(n. 356);* **Oxalá fossem tais o teu porte e a tua conversação que todos pudessem dizer, ao ver-te ou ouvir-te falar: "Este lê a vida de Jesus Cristo"** *(n. 2).*

O cristão deve viver **seguindo os passos do Mestre** *(n. 213), assumindo com sentido de responsabilidade a missão divina que lhe é conferida pelo Batismo:* **"Ide, pregai o Evangelho... Eu estarei convosco..." – Isto disse Jesus... e disse-o a ti** *(n. 904).*

O autor de Caminho *ensina que esse convite ou chamado não implica de per si uma solicitação a mudar de ambiente para se buscarem outros caminhos; mais ainda, para a maioria dos cristãos, é um convite para que enfrentem as condições habituais da existência e nelas encontrem um caminho divino que é preciso santificar.*

Daí que São Josemaria Escrivá denuncie a tentação de **mudar de lugar** *(n. 832), porque equivale a separar-se da vontade de Deus. Cada cristão deve santificar-se segundo a sua própria missão e dentro do seu estado; e por isso o simples cristão que vive no seio da sociedade deve santificar-se e santificar os outros partindo dessa situação, santificando o trabalho profissional e toda a sua vida.*

A existência humana fica assim enquadrada num ambiente teologal. O leitor toma consciência da presença de Deus e aprende a escutar a Sua voz, que fala através das pessoas e acontecimentos da sua vida diária. **Vivemos como se o Senhor estivesse lá longe, onde brilham as estrelas, e não consideramos que também está sempre ao nosso lado... Necessário é que nos embebamos, que nos saturemos de que Pai e muito Pai nosso é o Senhor que está junto de nós e nos Céus** *(n. 267).* **Disseste-me uma vez que parecias um relógio desregulado, que bate fora de horas: estás frio, seco e árido à hora da tua oração; e, pelo contrário, quando menos era de esperar, na rua, entre os afazeres de cada dia, no meio da balbúrdia e da gritaria da cidade, ou na quietude laboriosa do teu trabalho profissional, surpreendes-te orando... Fora de horas? Certo... Mas não desaproveites essas badaladas do teu relógio. – O Espírito sopra onde quer** *(n. 110).* **Cultiva o trato com o Espírito Santo – o Grande Des-**

conhecido –, que é quem te há de santificar. Não esqueças de que és templo de Deus. – O Paráclito está no centro da tua alma: escuta-O e segue docilmente as suas inspirações *(n. 57)*.

Esta mensagem sobrenatural, este anúncio de Deus, acha-se em Caminho, *não como uma simples verdade declamada, mas como expressão de uma vida intensamente vivida: em suas páginas, reflete-se uma atividade sacerdotal que São Josemaria Escrivá havia iniciado em 1925. Reflexões sobre passagens da Sagrada Escritura, trechos de conversas, experiências pessoais, fragmentos de cartas, são o material de que está feito o livro. Em maio de 1933, Josemaria Escrivá oferecia a um jovem estudante de arquitetura uma* Vida de Cristo, *e acrescentava umas palavras como dedicatória. Esse fato inspirou o ponto 382 de* Caminho: **Ao oferecer-te aquela História de Jesus, pus como dedicatória: "Que procures Cristo. Que encontres Cristo. Que ames a Cristo". – São três etapas claríssimas. Tentaste, pelo menos, viver a primeira?**

Daí um dos principais atrativos desta obra: seu estilo coloquial e direto, seu caráter pessoal e profundamente humano. "Mons. Escrivá de Balaguer – comenta-se numa resenha do Osservatore Romano *(24-3-50) – escreveu mais do que uma obra-prima; escreveu inspirando-se diretamente em seu coração, e ao coração chegam diretamente, um a um, os parágrafos que formam* Caminho".

Esta humanidade do livro não é uma característica acidental, mas faz parte da própria essência do espírito que o anima. Tema central da mensagem espiritual de São Josemaria Escrivá é precisamente a afirmação de que as coisas humanas não são alheias à esfera divina: não é uma parte do homem, mas o homem inteiro que é amado e chamado por Deus, e por isso a atitude espiritual plenamente cristã pode descrever-se como uma unidade de vida.

Nos parágrafos anteriores, registramos alguns dos traços fundamentais de Caminho, *que nos fazem entender o valor perene desta obra. Mas estes comentários ficariam incompletos se não puséssemos de relevo a importância histórica do livro e o rasto que deixou na história da Igreja.*

A partir de 1928, a atividade pastoral de São Josemaria Escrivá concretizava-se na fundação do Opus Dei, isto é, na tarefa de abrir um caminho de santidade laical no meio do mundo. Caminho *acha-se, pois, intimamente unido à história da fundação do Opus Dei, embora não seja uma exposição do seu espírito nem uma obra dirigida apenas aos seus membros. É um convite dirigido a todos os homens de boa vontade para que participem da* **loucura** *de seguir a Cristo (cfr. n. 916).*

Entre as pessoas a que, durante aqueles anos, se dirigia preferentemente o apostolado de São Josemaria Escrivá, encontravam-se os habitantes dos bairros operários e os estudantes da Universidade de Madri. A estes últimos dedicou especialmente as Considerações espirituais *que, como nos diz no Prólogo, foram escritas "tendo em vista as necessidades espirituais de jovens universitários dirigidos pelo autor".*

Este fato dá-nos o contexto histórico de muitos pontos do livro, mas sobretudo situa-nos com toda a força ante um dos seus traços fundamentais, já comentado: é uma obra pensada de frente para o mundo, para os homens que queiram santificar-se nas lides e nos afazeres temporais, propondo-lhes uma doutrina aplicável a qualquer circunstância de idade, situação ou trabalho. **O que a ti te maravilha, a mim parece-me razoável. – Por que foi Deus procurar-te no exercício da tua profissão? Assim procurou os primeiros: Pedro, André, João e Tiago, junto às redes; Mateus, sentado à mesa dos impostos...** *(n. 799).* **Tens obrigação de santificar-te. – Tu também. – Alguém pensa, por acaso, que é tarefa exclusiva de sacerdotes e religiosos? A todos, sem exceção, disse o Senhor: "Sede perfeitos, como meu Pai Celestial é perfeito"** *(n. 291).*

Nos anos em que apareceu o livro, essa pregação era não só inesperada, mas revolucionária. Nalguns, que pareciam haver perdido o contacto com o espírito renovador do Evangelho, suscitou surpresa e incompreensão; para muitíssimos mais, essa mesma surpresa se traduziu em alegria: as palavras de Caminho *eram para eles uma revelação que os fazia ser mais conscientes da sua dignidade de cristãos e da missão divina que, como tais, tinham na sociedade.* Caminho *levou milhões de leitores a viver o que, com o correr dos anos, a Igreja proclamaria solenemente no Concílio Vaticano II: "Ainda que nem todos na Igreja sigam o mesmo caminho, todos estão chamados à santidade e alcançaram a mesma fé pela justiça de Deus (cfr. 2*

Pe 1)... Dá-se uma verdadeira igualdade entre todos os fiéis no que se refere à dignidade e à ação comum para a edificação do Corpo de Cristo" (Const. Lumen Gentium, n. 32).

Na fisionomia atual do cristianismo, deixou amplo rastro a atividade de São Josemaria Escrivá e, em concreto, este livro em que se registram momentos transcendentes da sua vida.

Nascido de uma profunda experiência cristã, Caminho *quer levar a amar a Deus e a viver de Deus. Por isso pressupõe no leitor o desejo do divino. Quem folheasse as suas páginas com outra intenção, desvirtuá-lo-ia, colocando-se num clima alheio ao espírito e à intenção do autor. Para tirar proveito de* Caminho, *requer-se um mínimo de fé na capacidade do homem para se aperceber da vida do espírito.*

"Eu sou a luz do mundo; quem me segue não caminha nas trevas, mas terá a luz da vida" (Jo 8, 12). Os 999 pontos de Caminho *foram escritos com o desejo de ajudar a ver essa luz, para que os caminhos da terra, caminhos comuns de todos os homens, sejam caminhos de santidade, abertos à esperança do Reino que "não é deste mundo" (Jo 18, 36). Quem o ler com esse mesmo interesse, não o abrirá em vão.*

NOTA À 3ª EDIÇÃO ESPANHOLA

Esgotou-se em poucos meses a primeira edição deste livro. E, ao dá-lo à luz pela segunda vez, teve a mesma sorte. Está na imprensa a versão portuguesa e, de Roma, pedem-nos que se prepare quanto antes a edição italiana.

Temos dados consoladores – cartas de sacerdotes, de religiosos e principalmente de jovens – sobre o fruto sobrenatural que estas páginas produziram nas almas. Oxalá, leitor amigo, a sua leitura constante te sirva para dirigir e firmar o teu caminho.

Assim pede ao Senhor para ti,

O Autor

Segóvia, na Exaltação da Santa Cruz, 14 de setembro de 1945.

NOTA À 7ª EDIÇÃO ESPANHOLA

Pedem-me umas palavras que acompanhem a sétima edição espanhola de Caminho.

Só te quero dizer, amigo leitor, que ponhas em muitas mãos este livro, e assim contagiar-se-á a muitos corações a nossa divina loucura de privar com Cristo. E que peças ao Senhor e à sua bendita Mãe por mim: para que, em breve, tu e eu nos voltemos a encontrar noutro livro meu – Sulco –, que penso entregar-te dentro de poucos meses.

O Autor

Roma, na festa da Imaculada Conceição, 8 de dezembro do Ano Santo de 1950.

LÊ DEVAGAR ESTES CONSELHOS.
MEDITA PAUSADAMENTE ESTAS CONSIDERAÇÕES.
SÃO COISAS QUE TE DIGO AO OUVIDO,
EM CONFIDÊNCIA DE AMIGO, DE IRMÃO,
DE PAI
E ESTAS CONFIDÊNCIAS AS ESCUTA DEUS.
NÃO TE CONTAREI NADA DE NOVO.
VOU REVOLVER AS TUAS RECORDAÇÕES,
PARA QUE AFLORE ALGUM PENSAMENTO
QUE TE FIRA.
E ASSIM MELHORES A TUA VIDA,
E ENTRES POR CAMINHOS DE ORAÇÃO
E DE AMOR.
E ACABES POR SER ALMA DE CRITÉRIO.

CARÁTER

1 Que a tua vida não seja uma vida estéril. – Sê útil. – Deixa rasto. – Ilumina com o resplendor da tua fé e do teu amor.

Apaga, com a tua vida de apóstolo, o rasto viscoso e sujo que deixaram os semeadores impuros do ódio. – E incendeia todos os caminhos da terra com o fogo de Cristo que levas no coração.

2 Oxalá fossem tais o teu porte e a tua conversação que todos pudessem dizer, ao ver-te ou ouvir-te falar: "Este lê a vida de Jesus Cristo".

3 Gravidade. – Deixa esses meneios e trejeitos de mulherzinha ou de moleque. – Que o teu porte exterior seja o reflexo da paz e da ordem do teu espírito.

4 Não digas: "Eu sou assim..., são coisas do meu caráter". São coisas da tua falta de caráter. Sê homem – «esto vir».

5 Acostuma-te a dizer que não.

6 Vira as costas ao infame quando te sussurra ao ouvido: "Para que hás de complicar a vida?"

7 Não tenhas espírito de "caipira". – Dilata o teu coração, até que seja universal, "católico".

Não voes como ave de capoeira, quando podes subir como as águias.

8 Serenidade. – Por que te zangas, se zangando-te ofendes a Deus, incomodas os outros, passas tu mesmo um mau bocado... e, por fim, tens de acalmar-te?

9 Isso mesmo que disseste, dize-o noutro tom, sem ira, e ganhará força o teu raciocínio, e sobretudo não ofenderás a Deus.

10 Não repreendas quando sentes a indignação pela falta cometida. – Espera pelo dia seguinte, ou mais tempo ainda. – E depois, tranquilo e com a intenção purificada, não deixes de repreender.

– Conseguirás mais com uma palavra afetuosa

do que com três horas de briga. – Modera o teu gênio.

11 Vontade. – Energia. – Exemplo. – O que é preciso fazer, faz-se... Sem hesitar... Sem contemplações.

Sem isso, nem Cisneros teria sido Cisneros*, nem Teresa de Ahumada, Santa Teresa..., nem Iñigo de Loyola, Santo Inácio...

Deus e audácia! – «Regnare Christum volumus!»**

12 Cresce perante os obstáculos. – A graça do Senhor não te há de faltar: «Inter medium montium pertransibunt aquae!»: – passarás através das montanhas!

Que importa que de momento tenhas de restringir a tua atividade, se em breve, como mola que foi comprimida, chegarás incomparavelmente mais longe do que nunca sonhaste?

(*) Cardeal espanhol (1436-1517), Regente do trono de Espanha e confessor da Rainha Isabel, a Católica. Começou a reforma da Igreja na Espanha, antecipando-se à que seria iniciada, anos depois, pelo Concílio de Trento para toda a cristandade. Foram notórias a têmpera e a energia do seu caráter (N. do T.).

(**) "Queremos que Cristo reine!" (N. do T.).

13 Afasta de ti esses pensamentos inúteis que, pelo menos, te fazem perder o tempo.

14 Não percas as tuas energias e o teu tempo, que são de Deus, jogando pedras aos cachorros que te ladrem no caminho. Despreza-os.

15 Não deixes o teu trabalho para amanhã.

16 Perder-se na massa? Tu... da multidão?! Mas, se nasceste para líder!
– Entre nós, não há lugar para os tíbios. Humilha-te, e Cristo voltará a inflamar-te com fogos de Amor.

17 Não caias nessa doença do caráter que tem por sintomas a falta de firmeza para tudo, a leviandade no agir e no dizer, o estouvamento..., a frivolidade, numa palavra.

Essa frivolidade, que – não o esqueças – torna os teus planos de cada dia tão vazios ("tão cheios de vazio"), se não reages a tempo – não amanhã; agora! –, fará da tua vida um boneco de trapos morto e inútil.

18 Obstinas-te em ser mundano, frívolo e estouvado porque és covarde. Que é, senão covardia, esse não quereres enfrentar-te a ti próprio?

CARÁTER

19 Vontade. É uma característica muito importante. Não desprezes as pequenas coisas, porque, através do contínuo exercício de negar e te negares a ti próprio nessas coisas – que nunca são futilidades nem ninharias –, fortalecerás, virilizarás, com a graça de Deus, a tua vontade, para seres, em primeiro lugar, inteiro senhor de ti mesmo.

E depois, guia, chefe, líder! – que prendas, que empurres, que arrastes, com o teu exemplo e com a tua palavra e com a tua ciência e com o teu império.

20 Chocas com o caráter deste ou daquele... Tem de ser assim necessariamente; não és moeda de ouro que a todos agrade.

Além disso, sem esses choques que se produzem ao lidar com o próximo, como havias de perder as pontas, as arestas e saliências – imperfeições, defeitos – do teu temperamento, para adquirires a forma cinzelada, polida e energicamente suave da caridade, da perfeição?

Se o teu caráter e o caráter dos que convivem contigo fossem adocicados e moles como gelatina, não te santificarias.

21 Pretextos. – Nunca te faltarão para deixares de cumprir os teus deveres. Que fartura de razões... sem razão!

Não pares a considerá-las. – Repele-as e cumpre a tua obrigação.

22 Sê enérgico. – Sê viril. – Sê homem. – E depois... sê anjo.

23 Dizes que... não podes fazer mais? – Não será que... não podes fazer menos?

24 Tens ambições: de saber..., de ser líder..., de ser audaz.

Muito bem. Está certo. – Mas... por Cristo, por Amor.

25 Não discutais. – Da discussão não costuma sair a luz, porque é apagada pela paixão.

26 O Matrimônio é um sacramento santo. – A seu tempo, quando tiveres de recebê-lo, que o teu Diretor ou o teu confessor te aconselhem a leitura de algum livro útil. – E estarás mais bem preparado para levar dignamente as cargas do lar.

27 Estás rindo porque te digo que tens "vocação matrimonial"? – Pois é verdade: isso mesmo, vocação.

Pede a São Rafael que te conduza castamente ao termo do caminho, como a Tobias.

28 O matrimônio é para os soldados e não para o estado-maior de Cristo. – Ao passo que comer é uma exigência de cada indivíduo, procriar é apenas uma exigência da espécie, podendo dela desinteressar-se as pessoas individualmente.

Ânsia de filhos...? Filhos, muitos filhos, e um rasto indelével de luz deixaremos, se sacrificarmos o egoísmo da carne.

29 A relativa e pobre felicidade do egoísta, que se encerra na sua torre de marfim, na sua própria carcaça..., não é difícil de conseguir neste mundo. – Mas a felicidade do egoísta não é duradoura.

Será que queres perder, por essa caricatura do Céu, a felicidade da Glória, que não terá fim?

30 És calculista! – Não me digas que és jovem. A juventude dá tudo quanto pode; dá-se a si própria sem medida.

31 Egoísta! – Tu, sempre atrás das "tuas coisas". – Pareces incapaz de sentir a fraternidade de Cristo: nos outros, não vês irmãos; vês "degraus".

Pressinto o teu fracasso rotundo. – E, quando estiveres afundado, quererás que vivam contigo a caridade que agora não queres viver.

32 Tu não serás líder se na massa só vires o escabelo para empoleirar-te. – Tu serás líder se tiveres a ambição de salvar todas as almas.

Não podes viver de costas para a multidão. É preciso que tenhas ânsias de torná-la feliz.

33 Nunca queres "esgotar a verdade". – Umas vezes, por correção. Outras – a maioria –, para não passares um mau bocado. Algumas, para evitá-lo aos outros. E, sempre, por covardia.

Assim, com esse medo de aprofundar, jamais serás homem de critério.

34 Não tenhas medo à verdade, ainda que a verdade te acarrete a morte.

35 Não gosto de tanto eufemismo: à covardia chamais prudência. – E a vossa "prudência" é ocasião para que os inimigos de Deus, com o

cérebro vazio de ideias, tomem ares de sábios e ascendam a postos a que nunca deviam ascender.

36 Esse abuso não é irremediável. – É falta de caráter permitir que continue, como coisa desesperada e sem possível retificação.

Não te esquives ao dever. – Cumpre-o em toda a linha, ainda que outros deixem de cumpri-lo.

37 Tens, como por aí se diz, "muita lábia". – Mas, com todo o teu palavreado, não conseguirás que eu justifique ("foi providencial!", disseste) o que não tem justificação.

38 Será verdade (não acredito, não acredito...) que na terra não há homens, mas "estômagos"?

39 "Peça que eu nunca queira deter-me no fácil". – Já o pedi. Agora só falta que te empenhes em cumprir esse belo propósito.

40 Fé, alegria, otimismo. – Mas não a estupidez de fechar os olhos à realidade.

41 Que modo tão transcendental de viver bobagens vazias, e que maneira de chegar a ser alguém na vida – subindo, subindo – à força de "pe-

sar pouco", de não ter nada, nem no cérebro nem no coração!

42 Por que essas variações de caráter? Quando fixarás a tua vontade em alguma coisa?

– Larga esse teu gosto pelas primeiras pedras, e põe a última ao menos em um de teus projetos.

43 Não sejas tão... suscetível. – Magoas-te por qualquer coisinha. – Torna-se necessário medir as palavras para falar contigo do assunto mais insignificante.

Não te zangues se te digo que és... insuportável. – Enquanto não te corrigires, nunca serás útil.

44 Desculpa-te com a cortesia que a caridade cristã e a vida social exigem. – E, depois, para a frente! – com santa desvergonha, sem parar, até subires inteiramente a encosta do cumprimento do dever.

45 Por que te doem essas errôneas conjecturas que se fazem a teu respeito? – A mais baixo chegarias se Deus te abandonasse. – Persevera no bem, e encolhe os ombros.

46 Não achas que a igualdade, tal como a entendem, é sinônimo de injustiça?

47 Essa ênfase e esse ar emproado ficam-te mal; vê-se que são postiços. – Procura, pelo menos, não os empregar com o teu Deus, nem com o teu Diretor, nem com os teus irmãos. E haverá uma barreira a menos entre ti e eles.

48 Pouco firme é o teu caráter: que ânsia de te meteres em tudo! – Obstinas-te em ser o sal de todos os pratos... e – não te zangues se te falo claramente – tens pouca graça para ser sal; e não és capaz de desfazer-te e passar despercebido à vista, como esse condimento.

Falta-te espírito de sacrifício. E sobra-te espírito de curiosidade e de exibição.

49 Cala-te. – Não sejas "meninão", caricatura de criança, bisbilhoteiro, intriguista, linguarudo. – Com as tuas histórias e mexericos, esfriaste a caridade: fizeste a pior das obras. E... se por acaso abalaste – má língua! – os muros fortes da perseverança de outros, a tua perseverança deixa de ser graça de Deus, porque é instrumento traiçoeiro do inimigo.

50 És curioso e bisbilhoteiro, xereta e intrometido. Não tens vergonha de ser, até nos defeitos, tão pouco masculino? – Sê homem. E esses desejos de saber da vida dos outros, troca-os por desejos e realidades de conhecimento próprio.

51 Teu espírito varonil, retilíneo e simples, confrange-se ao sentir-se envolvido em enredos e mexericos, que não acaba de compreender e em que nunca se quis misturar. – Sofre a humilhação de andar assim em boca alheia e procura que essa dura experiência te dê mais discrição.

52 Por que razão, ao julgares os outros, pões na tua crítica o amargor dos teus próprios fracassos?

53 Esse espírito crítico (concedo-te que não é murmuração), não o deves exercer no teu apostolado, nem com teus irmãos. – Esse espírito crítico é, para o vosso empreendimento sobrenatural (perdoas-me que o diga?), um grande estorvo, porque, enquanto examinas – embora com elevada finalidade, acredito – o trabalho dos outros, sem teres nada a ver com isso, não fazes nenhuma obra positiva, e dificultas, com o teu exemplo de passividade, o bom andamento de todos.

"Então..." – perguntas, inquieto – "... esse espírito crítico, que é como que a substância do meu caráter...?"

Olha (vou tranquilizar-te): apanha uma caneta e um papel, escreve simples e confiadamente – ah!, e com brevidade – os motivos que te torturam, entrega a nota ao superior e não penses mais nela. – Ele, que é quem vos dirige (tem graça de estado), guardará a nota... ou a jogará no cesto dos papéis. – Para ti, como o teu espírito crítico não é murmuração, e só o exerces para fins elevados, tanto faz.

54 Contemporizar? É palavra que só se encontra ("é preciso contemporizar!") no léxico dos que não têm vontade de lutar – comodistas, manhosos ou covardes –, porque de antemão se sabem vencidos.

55 Olha, meu filho: sê um pouco menos ingênuo (ainda que sejas muito criança, e mesmo por o seres diante de Deus), e não "ponhas na berlinda", diante de estranhos, os teus irmãos.

DIREÇÃO ESPIRITUAL

56 "Madeira de santo". Isso dizem de alguns: que têm "madeira de santo". – Além de que os santos não foram de madeira, ter madeira não basta.

É necessária muita obediência ao Diretor e muita docilidade à graça. – Porque, se não se permite à graça de Deus e ao Diretor que façam a sua obra, jamais aparecerá a escultura, imagem de Jesus, em que se transforma o homem santo.

E a "madeira de santo", de que estamos falando, não passará de um tronco informe, sem talha, para o fogo... Para um bom fogo, se era boa madeira!

57 Cultiva o trato com o Espírito Santo – o Grande Desconhecido –, que é quem te há de santificar.

Não te esqueças de que és templo de Deus. – O

Paráclito está no centro da tua alma: escuta-O e segue docilmente as suas inspirações.

58 Não estorves a obra do Paráclito; une-te a Cristo, para te purificares, e sente, com Ele, os insultos, e os escarros, e as bofetadas..., e os espinhos, e o peso da Cruz..., e os ferros rasgando a tua carne, e as ânsias de uma morte ao desamparo...

E mete-te no lado aberto de Nosso Senhor Jesus, até encontrares refúgio seguro em seu Coração chagado.

59 Convém que conheças esta doutrina segura: o espírito próprio é mau conselheiro, mau piloto, para dirigir a alma nas borrascas e tempestades, por entre os escolhos da vida interior.

Por isso, é Vontade de Deus que a direção da nau esteja entregue a um Mestre, para que, com a sua luz e conhecimento, nos conduza a porto seguro.

60 Se não te lembrarias de construir sem arquiteto uma boa casa para viveres na terra, como queres levantar sem Diretor o edifício da tua santificação, para viveres eternamente no Céu?

DIREÇÃO ESPIRITUAL

61 Quando um leigo se erige em mestre de moral, erra frequentemente. Os leigos só podem ser discípulos.

62 Diretor. – Precisas dele. – Para te entregares, para te dares..., obedecendo. – E Diretor que conheça o teu apostolado, que saiba o que Deus quer. Assim secundará, com eficácia, a ação do Espírito Santo na tua alma, sem tirar-te do lugar em que estás..., enchendo-te de paz e ensinando-te a tornar fecundo o teu trabalho.

63 Tu – pensas – tens muita personalidade: os teus estudos (teus trabalhos de pesquisa, tuas publicações), a tua posição social (teus antepassados), as tuas atuações políticas (os cargos que ocupas), o teu patrimônio..., a tua idade – não és mais uma criança!...

Precisamente por tudo isso necessitas, mais do que outros, de um Diretor para a tua alma.

64 Não ocultes ao teu Diretor essas insinuações do inimigo. – A tua vitória, ao abrir-lhe a tua alma, te dá mais graça de Deus. – E, além disso, tens agora, para continuares a vencer, o dom de conselho e as orações do teu pai espiritual.

65 Por que esse receio de te veres a ti mesmo e te deixares ver pelo teu Diretor tal como na realidade és?

Terás ganho uma grande batalha se perderes o medo de te dares a conhecer.

66 O Sacerdote – seja quem for – é sempre outro Cristo.

67 Ainda que bem sabido, não quero deixar de recordar-te uma vez mais que o Sacerdote é "outro Cristo". – E que o Espírito Santo disse: «Nolite tangere Christos meos» – não toqueis nos "meus Cristos".

68 Presbítero, etimologicamente, é o mesmo que ancião. – Se merece veneração a velhice, pensa quanto mais terás de venerar o Sacerdote.

69 Que pouca delicadeza de espírito – e que falta de respeito – não revela dirigir gracejos e zombarias ao Sacerdote – seja quem for – sob qualquer pretexto!

70 Insisto: esses gracejos – "gozações" – ao Sacerdote, apesar de todas as circunstâncias que a ti te pareçam atenuantes, são sempre, pelo menos, uma grosseria, uma ordinarice.

71 Quanto não temos de admirar a pureza sacerdotal! – É o seu tesouro. – Nenhum tirano poderá arrancar jamais à Igreja esta coroa.

72 Não ponhas o Sacerdote em risco de perder a gravidade. É virtude que, sem afetação, precisa ter.

Como a pedia – "Senhor, dá-me... oitenta anos de gravidade!" – aquele jovem clérigo, nosso amigo!

Pede-a tu também para todos os Sacerdotes, e terás feito uma boa coisa.

73 Doeu-te – como uma punhalada no coração – que tivessem dito que havias falado mal daqueles sacerdotes. – Alegro-me com a tua dor. Agora, sim, estou certo do teu bom espírito!

74 Amar a Deus e não venerar o Sacerdote... não é possível.

75 Como os filhos bons de Noé, cobre com o manto da caridade as misérias que vires em teu pai, o Sacerdote.

76 Se não tens um plano de vida, nunca terás ordem.

77 Sujeitar-se a um plano de vida, a um horário, é tão monótono!, disseste-me.

– E eu te respondi: há monotonia porque falta Amor.

78 Se não te levantas a uma hora fixa, nunca cumprirás o teu plano de vida.

79 Virtude sem ordem? – Estranha virtude!

80 Quando tiveres ordem, multiplicar-se-á o teu tempo e, portanto, poderás dar mais glória a Deus, trabalhando mais a seu serviço.

ORAÇÃO

81 A ação nada vale sem a oração; a oração valoriza-se com o sacrifício.

82 Primeiro, oração; depois, expiação; em terceiro lugar, muito em "terceiro lugar", ação.

83 A oração é o alicerce do edifício espiritual. – A oração é onipotente.

84 «Domine, doce nos orare» – Senhor, ensina-nos a orar! – E o Senhor respondeu: Quando começardes a orar, haveis de dizer: «Pater noster, qui es in coelis...» – Pai nosso, que estais nos céus...
   Como não havemos de ter em muito apreço a oração vocal?

85 Devagar. – Repara no que dizes, quem o diz e a quem. – Porque esse falar às pressas, sem lugar para a reflexão, é ruído, chacoalhar de latas. ▷

E te direi, com Santa Teresa, que a isso não chamo oração, por muito que mexas os lábios.

86 A tua oração deve ser litúrgica. – Oxalá te afeiçoes a recitar os salmos e as orações do missal, em vez de orações privadas ou particulares.

87 "Nem só de pão vive o homem, mas de toda a palavra que sai da boca de Deus", disse o Senhor. – Pão e palavra! – Hóstia e oração.

Senão, não terás vida sobrenatural.

88 Procuras a companhia de amigos que, com a sua conversa e afeto, com o seu convívio, te tornem mais tolerável o desterro deste mundo..., embora os amigos às vezes atraiçoem. – Não me parece mal.

Mas... como não frequentas cada dia com maior intensidade a companhia, a conversa com o Grande Amigo, que nunca atraiçoa?

89 "Maria escolheu a melhor parte", lê-se no Santo Evangelho. – Aí está ela, bebendo as palavras do Mestre. Em aparente inatividade, ora e ama. – Depois, acompanha Jesus em suas pregações por cidades e aldeias.

Sem oração, como é difícil acompanhá-Lo!

90 Não sabes orar? – Põe-te na presença de Deus, e logo que começares a dizer: "Senhor, não sei fazer oração!...", podes ter certeza de que começaste a fazê-la.

91 Escreveste-me: "Orar é falar com Deus. Mas de quê?" – De quê? DEle e de ti: alegrias, tristezas, êxitos e fracassos, ambições nobres, preocupações diárias..., fraquezas!; e ações de graças e pedidos; e Amor e desagravo.

Em duas palavras: conhecê-Lo e conhecer-te – ganhar intimidade!

92 «Et in meditatione mea exardescit ignis». – E na minha meditação se ateia o fogo. – Para isso vais à oração: para tornar-te uma fogueira, lume vivo, que dê calor e luz.

Por isso, quando não souberes ir mais longe, quando sentires que te apagas, se não puderes lançar ao fogo troncos aromáticos, lança os ramos e a folhagem de pequenas orações vocais, de jaculatórias, que continuem a alimentar a fogueira. – E terás aproveitado o tempo.

93 Vês-te tão miserável que te reconheces indigno de que Deus te ouça... Mas... e os méritos de

Maria? E as chagas do teu Senhor? E... porventura não és filho de Deus?

Além disso, Ele te escuta, «quoniam bonus..., quoniam in saeculum misericordia ejus», porque é bom, porque a sua misericórdia permanece para sempre.

94 Fez-se tão pequeno – bem vês: um Menino! – para que te aproximes dEle com confiança.

95 «In te, Domine, speravi»: em Ti, Senhor, esperei. – E aos meios humanos acrescentei a minha oração e a minha cruz. – E não foi vã a minha esperança, nem jamais o será: «Non confundar in aeternum!»*

96 Fala Jesus: "Digo-vos, pois: Pedi e dar-se-vos-á; buscai e achareis; batei e abrir-se-vos-á".

Faz oração. Em que negócio humano te podem dar mais garantias de êxito?

97 Não sabes o que dizer ao Senhor na oração. Não te lembras de nada, e, no entanto, quererias consultá-Lo sobre muitas coisas. – Olha: durante

---

(*) "Não serei jamais confundido" (N. do T.).

o dia, toma algumas notas sobre os assuntos que desejes considerar na presença de Deus. E depois, serve-te dessas notas na oração.

98 Depois da oração do Sacerdote e das virgens consagradas, a oração mais grata a Deus é a das crianças e a dos doentes.

99 Quando fores orar, que seja este um firme propósito: não ficar mais tempo por consolação, nem menos por aridez.

100 Não digas a Jesus que queres consolações na oração. – Se as dá, agradece-as. – Diz-Lhe sempre que queres perseverança.

101 Persevera na oração. – Persevera, ainda que o teu esforço pareça estéril. – A oração é sempre fecunda.

102 A tua inteligência está entorpecida, inativa. Fazes esforços inúteis para coordenar as ideias na presença do Senhor: um verdadeiro atordoamento!

Não te esforces nem te preocupes. – Escuta-me bem: é a hora do coração.

103 Essas palavras que te feriram durante a oração, grava-as na memória e recita-as pausadamente muitas vezes ao longo do dia.

104 «Pernoctans in oratione Dei» – passou a noite em oração. – É o que São Lucas nos diz do Senhor.
Tu, quantas vezes perseveraste assim? – Então...

105 Se não procuras a intimidade com Cristo na oração e no Pão, como poderás dá-Lo a conhecer?

106 Escreveste-me e te compreendo: "Faço todos os dias o meu «pouquinho» de oração. Se não fosse isso!..."

107 Santo, sem oração?!... – Não acredito nessa santidade.

108 Dir-te-ei, plagiando a frase de um autor estrangeiro, que a tua vida de apóstolo vale o que valer a tua oração.

109 Se não és homem de oração, não acredito na retidão de tuas intenções quando dizes que trabalhas por Cristo.

110 Disseste-me uma vez que parecias um relógio desregulado, que bate fora de horas: estás frio, seco e árido à hora da tua oração; e, pelo contrário, quando menos era de esperar, na rua, entre os afazeres de cada dia, no meio da balbúrdia e da gritaria da cidade, ou na quietude laboriosa do teu trabalho profissional, surpreendes-te orando... Fora de horas? Certo... Mas não desaproveites essas badaladas do teu relógio. – O Espírito sopra onde quer.

111 Fizeste-me rir com a tua oração... impaciente. – Dizias-Lhe: "Não me quero tornar velho, Jesus... É esperar demais para Te ver! Nessa altura, talvez não tenha o coração em carne viva, como agora. Velho, parece-me tarde. Agora, a minha união seria mais galharda, porque Te amo com Amor virginal".

112 Gosto de que vivas essa "reparação ambiciosa": o mundo inteiro!, disseste-me. – Bem. Mas, em primeiro lugar, os da tua família sobrenatural e da humana, os do país que é a nossa Pátria.

113 Dizias-Lhe: "Não Te fies de mim. Eu, sim, é que me fio de Ti, Jesus. Abandono-me em teus

braços. Aí deixo o que tenho: as minhas misérias!"

– E me parece uma boa oração.

114 A oração do cristão nunca é monólogo.

115 "Minutos de silêncio". – Deixai-os para os que têm o coração seco.

Nós, os católicos, filhos de Deus, falamos com nosso Pai que está nos céus.

116 Não abandones a tua leitura espiritual. – A leitura tem feito muitos santos.

117 Na leitura – escreves-me – formo o depósito de combustível. – Parece um montão inerte, mas é dali que muitas vezes a minha memória tira espontaneamente material, que enche de vida a minha oração e inflama a minha ação de graças depois de comungar.

SANTA PUREZA

118 Deus concede a santa pureza aos que a pedem com humildade.

119 Que bela é a santa pureza! Mas não é santa nem agradável a Deus, se a separamos da caridade.

A caridade é a semente que crescerá e dará frutos saborosíssimos com a rega que é a pureza.

Sem caridade, a pureza é infecunda, e as suas águas estéreis convertem as almas num lamaçal, num charco imundo, donde saem baforadas de soberba.

120 Pureza?, perguntam. E sorriem. – São os mesmos que vão para o matrimônio com o corpo murcho e a alma desiludida.

▷

Prometo-vos um livro – se Deus me ajudar – que poderá ter este título: "Celibato, Matrimônio e Pureza".

121 É necessária uma cruzada de virilidade e de pureza que enfrente e anule o trabalho selvagem daqueles que pensam que o homem é uma besta.

– E essa cruzada é obra vossa.

122 Muitos vivem como anjos no meio do mundo. – Tu... por que não?

123 Quando te decidires com firmeza a ter vida limpa, a castidade não será para ti um fardo; será coroa triunfal.

124 Escreveste-me, médico apóstolo: "Todos sabemos por experiência que podemos ser castos, vivendo vigilantes, frequentando os Sacramentos e apagando as primeiras chispas da paixão, sem deixar que ganhe corpo a fogueira.

"É precisamente entre os castos que se contam os homens mais íntegros, sob todos os aspectos. E entre os luxuriosos predominam os tímidos, os egoístas, os falsos e os cruéis, que são tipos de pouca virilidade".

125 Eu quereria – disseste-me – que João, o Apóstolo adolescente, tivesse uma confidência comigo e me desse conselhos; e me animasse a conseguir a pureza do meu coração.

Se na verdade o queres, dize-lhe isso. E sentirás ânimo e terás conselho.

126 A gula é a vanguarda da impureza.

127 Não queiras dialogar com a concupiscência; despreza-a.

128 O pudor e a modéstia são os irmãos menores da pureza.

129 Sem a santa pureza, não se pode perseverar no apostolado.

130 Tira-me, Jesus, esta crosta suja de podridão sensual que me recobre o coração, para que sinta e siga com facilidade os toques do Paráclito na minha alma.

131 Nunca fales, nem sequer para te lamentares, de coisas ou acontecimentos impuros. Olha que é matéria mais pegajosa que o piche. – Muda de conversa, e, se não é possível, continua, falan-

do da necessidade e formosura da santa pureza, virtude de homens que sabem o que vale a sua alma.

132 Não tenhas a covardia de ser "valente"; foge!

133 Os santos não foram seres disformes, casos de estudo para um médico modernista.

Foram e são normais; de carne, como a tua. – E venceram.

134 Ainda que a carne se vista de seda... – dir-te-ei, quando te vir vacilar diante da tentação, que oculta a sua impureza sob pretextos de arte, de ciência..., de caridade!

Dir-te-ei, com palavras de um velho ditado espanhol: "Ainda que a carne se vista de seda, carne se queda"*.

135 Se soubesses o que vales!... É São Paulo quem te diz: foste comprado «pretio magno» – por alto preço.

(*) O ditado original diz: «Aunque la mona se vista de seda, mona se queda», continua a ser macaca (N. do T.).

E depois continua: «Glorificate et portate Deum in corpore vestro» – glorifica a Deus e traze-O em teu corpo.

136 Quando procuraste a companhia de uma satisfação sensual... – depois, que solidão!

137 E pensar que por uma satisfação de um momento, que deixou em ti travos de fel e azebre, perdeste "o caminho"!

138 «Infelix ego homo! Quis me liberabit de corpore mortis hujus?» – Pobre de mim! Quem me livrará deste corpo de morte? – Assim clama São Paulo. – Anima-te. Ele também lutava.

139 À hora da tentação, pensa no Amor que te espera no Céu. Fomenta a virtude da esperança, que não é falta de generosidade.

140 Não te preocupes, aconteça o que acontecer, desde que não consintas. – Porque só a vontade pode abrir a porta do coração e introduzir nele essas coisas execráveis.

141 Na tua alma, parece que ouves materialmente: "Esse preconceito religioso!..." – E depois,

a defesa eloquente de todas as misérias da nossa pobre carne decaída: "os seus direitos!"

Quando isto te acontecer, diz ao inimigo que há lei natural e lei de Deus, e Deus! – E também inferno.

142 «Domine!» – Senhor! – «si vis, potes me mundare» – se quiseres, podes curar-me.

– Que bela oração para que a digas muitas vezes, com a fé do pobre leproso, quando te acontecer o que Deus e tu e eu sabemos! – Não tardarás a sentir a resposta do Mestre: «Volo, mundare!» – Quero, sê limpo!

143 Para defender a sua pureza, São Francisco revolveu-se na neve, São Bento jogou-se num silvado, São Bernardo mergulhou num tanque gelado...

– Tu, que fizeste?

144 A pureza limpidíssima de toda a vida de João torna-o forte diante da Cruz. – Os outros Apóstolos fogem do Gólgota; ele, com a Mãe de Cristo, fica.

– Não esqueças que a pureza fortalece, viriliza o caráter.

145 Frente de Madri. Uma vintena de oficiais, em nobre e alegre camaradagem. Ouve-se uma canção, e depois outra e mais outra.

Aquele jovem tenente de bigode escuro só ouviu a primeira:

"Corações partidos,
eu não os quero;
e se lhe dou o meu,
dou-o inteiro".

"Quanta resistência em dar meu coração inteiro!" – E a oração brotou em caudal manso e largo.

CORAÇÃO

146 Dás-me a impressão de que levas o coração na mão, como quem oferece uma mercadoria: quem o quer? – Se não agradar a nenhuma criatura, virás entregá-lo a Deus.

Achas que assim fizeram os santos?

147 As criaturas para ti? – As criaturas para Deus. Quando muito, para ti por Deus.

148 Por que te debruçares a beber nos charcos dos consolos mundanos, se podes saciar a tua sede em águas que saltam para a vida eterna?

149 Desprende-te das criaturas até ficares despido delas. Porque – diz o Papa São Gregório – o demônio nada tem de seu neste mundo, e acode nu à contenda. Se vais vestido lutar com ele, em breve cairás por terra. Porque terá por onde te pegar.

150 É como se o teu Anjo te dissesse: – Tens o coração cheio de tanta afeição humana!... E a seguir: – E isso queres que guarde o teu Anjo da Guarda?

151 Desprendimento. Como custa!... Quem me dera não estar atado senão por três pregos, nem ter outra sensação em minha carne que a Cruz!

152 Não pressentes que te espera mais paz e mais união quando tiveres correspondido a essa graça extraordinária que te exige um desprendimento total?

– Luta por Ele, para Lhe dar gosto; mas fortalece a tua esperança.

153 Vamos! Diz-Lhe com generosidade e como um menino: – Que vais dar-me quando me exiges "isso"?

154 Tens medo de tornar-te frio e duro para todos. Tanto te queres desapegar!

Afasta essa preocupação. Se és de Cristo – todo de Cristo! –, para todos terás – também de Cristo – fogo, luz e calor.

155 Jesus não se satisfaz "compartilhando"; quer tudo.

156 Não queres submeter-te à Vontade de Deus... E, no entanto, acomodas-te à vontade de qualquer pobre criatura.

157 Não percas a perspectiva: se se dá a ti o próprio Deus, por que esse apego às criaturas?

158 Agora, tudo são lágrimas. – Dói, não é mesmo? – Pois é claro! Por isso precisamente te acertaram com o dedo na chaga.

159 Fraqueja o teu coração e buscas um arrimo na terra. – Está bem. Mas procura que o apoio de que te serves para não cair não se converta em peso morto que te arraste, em cadeia que te escravize.

160 Escuta, escuta: isso... é uma amizade ou uma algema?

161 Tens expansões de ternura. E eu te digo: – Caridade com o próximo, sim, sempre.

Mas – ouve-me bem, alma de apóstolo –, é de Cristo, e só para Ele, esse outro sentimento que o próprio Senhor pôs em teu peito.

– Além disso..., não é verdade que, ao abrires algum ferrolho do teu coração – necessitas de sete ferrolhos –, mais de uma vez ficou pairando em teu horizonte sobrenatural a nuvenzinha da dúvida... e perguntaste a ti mesmo, preocupado, apesar da tua pureza de intenção: – Não será que fui longe demais nas minhas manifestações exteriores de afeto?

162 O coração, de lado. Primeiro, o dever. – Mas, ao cumprires o dever, põe nesse cumprimento o coração, que é suavidade.

163 "Se o teu olho direito te escandaliza..., arranca-o e joga-o para longe!" – Pobre coração, que é ele que te escandaliza!

Aperta-o, amarfanha-o entre as mãos; não lhe

dês consolações. – E, cheio de uma nobre compaixão, quando as pedir, segreda-lhe devagar, como em confidência: – "Coração: coração na Cruz, coração na Cruz!"

164 Como vai esse coração? – Não te inquietes; os santos – que eram seres bem constituídos e normais, como tu e como eu – sentiam também essas "naturais" inclinações. E se não as tivessem sentido, a sua reação "sobrenatural" de guardar o coração – alma e corpo – para Deus, em vez de entregá-lo a uma criatura, pouco mérito teria tido.

Por isso, uma vez visto o caminho, creio que a fraqueza do coração não deve ser obstáculo para uma alma decidida e "bem enamorada".

165 Tu..., que por um pobre amor da terra passaste por tantas baixezas, acreditas de verdade que amas a Cristo, e não passas – por Ele! – essa humilhação?

166 Escreves-me: "Padre, tenho... dor de dentes no coração".

– Não tomo isso como brincadeira, porque entendo que precisas de um bom dentista que te faça umas extrações.

Se tu deixasses!...

167 "Ah, se eu tivesse cortado no princípio!", disseste-me. – Oxalá não tenhas que repetir essa exclamação tardia.

168 "Achei graça quando ouvi o senhor falar das «contas» que Deus lhe pedirá. Não, para vós Ele não será Juiz – no sentido austero da palavra –, mas simplesmente Jesus".

– Esta frase, escrita por um Bispo santo, que consolou mais de um coração atribulado, bem pode consolar o teu.

169 A dor esmaga-te porque a recebes com covardia. – Recebe-a como um valente, com espírito cristão; e a estimarás como um tesouro.

170 Que claro o caminho!... Que patentes os obstáculos!... Que boas armas para os vencer!... E, apesar disso, quantos desvios e quantos tropeços! Não é mesmo?

– É esse fiozinho sutil (corrente; corrente de

ferro forjado), que tu e eu conhecemos e que não queres quebrar, a causa que te afasta do caminho, que te faz tropeçar e até cair.

– Que esperas para cortá-lo... e avançar?

171 O Amor... bem vale um amor!

MORTIFICAÇÃO

172 Se não te mortificas, nunca serás alma de oração.

173 Essa frase feliz, a piada que não te escapou da boca, o sorriso amável para quem te incomoda, aquele silêncio ante a acusação injusta, a tua conversa afável com os maçantes e os inoportunos, o não dar importância cada dia a um pormenor ou outro, aborrecido e impertinente, das pessoas que convivem contigo... Isto, com perseverança, é que é sólida mortificação interior.

174 Não digas: essa pessoa me aborrece. – Pensa: essa pessoa me santifica.

175 Nenhum ideal se torna realidade sem sacrifício. – Nega-te a ti mesmo. – É tão belo ser vítima!

176 Quantas vezes te propões servir a Deus em alguma coisa... e tens de conformar-te – tão miserável és! – com oferecer o despeito, a amargura de não teres sabido cumprir aquele propósito tão fácil!

177 Não desaproveites a ocasião de abater o teu próprio juízo. – Custa..., mas como é agradável aos olhos de Deus!

178 Quando vires uma pobre Cruz de madeira, só, desprezível e sem valor... e sem Crucificado, não esqueças que essa Cruz é a tua Cruz: a de cada dia, a escondida, sem brilho e sem consolação..., que está esperando o Crucificado que lhe falta. E esse Crucificado tens que ser tu.

179 Procura mortificações que não mortifiquem os outros.

180 Onde não há mortificação, não há virtude.

181 Mortificação interior. – Não acredito na tua mortificação interior, se vejo que desprezas, que não praticas a mortificação dos sentidos.

MORTIFICAÇÃO

182 Bebamos até a última gota o cálice da dor na pobre vida presente. – Que importa padecer dez, vinte, cinquenta anos..., se depois vem o Céu para sempre, para sempre..., para sempre?

E sobretudo – melhor do que a razão apontada – «propter retributionem»* –, que importa padecer, se se padece para consolar, para dar gosto a Deus Nosso Senhor, com espírito de reparação, unido a Ele na sua Cruz..., numa palavra: se se padece por Amor?

183 Os olhos! Por eles entram na alma muitas iniquidades. – Quantas experiências como a de Davi!... – Se guardardes a vista, tereis assegurado a guarda do vosso coração.

184 Para que hás de olhar, se "o teu mundo", o levas dentro de ti?

185 O mundo admira somente o sacrifício com espetáculo, porque ignora o valor do sacrifício escondido e silencioso.

(*) Pela recompensa (N. do T.).

186 É preciso dar-se de todo, é preciso negar-se de todo: o sacrifício tem que ser holocausto*.

187 Paradoxo: para Viver é preciso morrer.

188 Olha que o coração é um traidor. – Fecha-o a sete chaves.

189 Tudo o que não te leva a Deus é um estorvo. Arranca-o e joga-o para longe.

190 Fazia o Senhor dizer a uma alma que tinha um superior iracundo e grosseiro: "Muito obrigado, meu Deus, por este tesouro verdadeiramente divino, porque, quando encontrarei outra pessoa que a cada amabilidade me corresponda com um par de coices?"

191 Vence-te em cada dia desde o primeiro momento, levantando-te pontualmente a uma hora fixa, sem conceder um só minuto à preguiça.

Se, com a ajuda de Deus, te venceres, muito terás adiantado para o resto do dia.

(*) *Holocausto*, entre os hebreus, era o sacrifício em que se queimava por inteiro a vítima oferecida a Deus (N. do T.).

MORTIFICAÇÃO

Desmoraliza tanto sentir-se vencido na primeira escaramuça!

192 Sais sempre vencido. – Propõe-te, de cada vez, a salvação de uma alma determinada, ou a sua santificação, ou a sua vocação para o apostolado... – Assim, estou certo da tua vitória.

193 Não sejas frouxo, mole. – Já é tempo de repelires essa estranha compaixão que sentes por ti mesmo.

194 Eu te vou dizer quais são os tesouros do homem na terra, para que não os desperdices: fome, sede, calor, frio, dor, desonra, pobreza, solidão, traição, calúnia, cárcere...

195 Tinha razão quem disse que a alma e o corpo são dois inimigos que não se podem separar, e dois amigos que não se podem ver.

196 Ao corpo, é preciso dar-lhe um pouco menos que o necessário. Senão, atraiçoa.

197 Se foram testemunhas das tuas fraquezas e misérias, que importa que o sejam da tua penitência?

198 Estes são os saborosos frutos da alma mortificada: compreensão e transigência para as misérias alheias; intransigência para as próprias.

199 Se o grão de trigo não morre, permanece infecundo. – Não queres ser grão de trigo, morrer pela mortificação e dar espigas bem graúdas?

– Que Jesus abençoe o teu trigal!

200 Não te vences, não és mortificado, porque és soberbo. – Dizes que tens uma vida penitente? Não te esqueças de que a soberba é compatível com a penitência...

– Mais razões: teu desgosto depois da queda, depois das tuas faltas de generosidade, é dor ou despeito de te veres tão pequeno e sem forças? – Que longe estás de Jesus se não és humilde..., ainda que as tuas disciplinas façam florescer, cada dia, rosas novas!

201 Que sabor a fel e a vinagre, a cinza e a azebre! Que paladar tão ressequido, pastoso e gretado! – Parece que não é nada essa impressão fisiológica, se a compararmos com os outros dissabores da tua alma.

– É que te "pedem mais" e não o sabes dar. – Humilha-te: ficaria essa amarga impressão de desagrado, na tua carne e no teu espírito, se tivesses feito tudo quanto podes?

202 Quer dizer que vais impor-te voluntariamente um castigo pela tua fraqueza e falta de generosidade?
– Está certo; mas que seja uma penitência discreta, como imposta a um inimigo que ao mesmo tempo fosse nosso irmão.

203 A alegria dos pobrezinhos dos homens, ainda que tenha um motivo sobrenatural, deixa sempre um ressaibo de amargura. – Que julgavas? – Aqui em baixo, a dor é o sal da nossa vida.

204 Quantos se deixariam cravar numa cruz perante o olhar atônito de milhares de espectadores, e não sabem sofrer cristãmente as alfinetadas de cada dia! – Pensa então no que será mais heroico.

205 Estávamos lendo – tu e eu – a vida heroicamente vulgar daquele homem de Deus. – E o vimos lutar, durante meses e anos (que "contabilidade", a do seu exame particular!), à hora do café da ma-

nhã: hoje vencia, amanhã era vencido... Anotava: "Não comi manteiga... Comi manteiga!"

Oxalá vivêssemos também – tu e eu – a nossa... "tragédia" da manteiga.

206 O minuto heroico. – É a hora exata de te levantares. Sem hesitar: um pensamento sobrenatural e... fora! – O minuto heroico: aí tens uma mortificação que fortalece a tua vontade e não debilita a tua natureza.

207 Agradece, como um favor muito especial, esse santo aborrecimento que sentes de ti mesmo.

PENITÊNCIA

208 Bendita seja a dor. – Amada seja a dor. Santificada seja a dor... Glorificada seja a dor!

209 Todo um programa, para cursar com aproveitamento a matéria da dor, nos dá o Apóstolo: «spe gaudentes» – na esperança, alegres; «in tribulatione patientes» – pacientes na tribulação; «orationi instantes» – na oração, perseverantes.

210 Expiação: esta é a senda que conduz à Vida.

211 Enterra com a penitência, no fosso profundo que a tua humildade abrir, as tuas negligências, ofensas e pecados. – Assim enterra o lavrador, ao pé da árvore que os produziu, frutos apodrecidos, ramos secos e folhas caducas.

E o que era estéril, melhor, o que era prejudicial, contribui eficazmente para uma nova fecundidade.

Aprende a tirar das quedas, impulso; da morte, vida.

212 Esse Cristo que tu vês não é Jesus. – Será, quando muito, a triste imagem que podem formar teus olhos turvos...

– Purifica-te. Clarifica o teu olhar com a humildade e a penitência. Depois... não te hão de faltar as luzes límpidas do Amor. E terás uma visão perfeita. A tua imagem será realmente a sua: Ele!

213 Jesus sofre para cumprir a Vontade do Pai... E tu, que também queres cumprir a Santíssima Vontade de Deus, seguindo os passos do Mestre, poderás queixar-te se encontras por companheiro de caminho o sofrimento?

214 Diz ao teu corpo: – Prefiro ter um escravo a sê-lo teu.

215 Que medo têm as pessoas da expiação! Se o que fazem para ficar bem diante do mundo, o fizessem retificando a intenção, por Deus..., que santos seriam alguns e algumas!

216 Choras? – Não te envergonhes. Chora; sim, os homens também choram, como tu, na solidão e diante de Deus. – Durante a noite, diz o rei Davi, regarei de lágrimas o meu leito.

Com essas lágrimas, ardentes e viris, podes purificar o teu passado e sobrenaturalizar a tua vida atual.

217 Quero que sejas feliz na terra. – Não o serás se não perdes esse medo à dor. Porque, enquanto "caminhamos", na dor está precisamente a felicidade.

218 Que belo é perder a vida pela Vida!

219 Se sabes que essas dores – físicas ou morais – são purificação e merecimento, abençoa-as.

220 Não te deixa um mau sabor na boca esse desejo de bem-estar fisiológico – "Deus lhe dê saúde" – com que certos pobres agradecem ou pedem uma esmola?

221 Se formos generosos na expiação voluntária, Jesus nos encherá de graça para amarmos as expiações que Ele nos mandar.

222 Que a tua vontade exija aos sentidos, mediante a expiação, o que as outras potências lhe negam na oração.

223 Vale tão pouco a penitência sem a contínua mortificação!

224 Tens medo da penitência?... Da penitência, que te ajudará a obter a Vida eterna? No entanto, não vês como os homens, para conservarem esta pobre vida de agora, se submetem às mil torturas de uma cruenta operação cirúrgica?

225 Teu maior inimigo és tu mesmo.

226 Trata o teu corpo com caridade, mas não com mais caridade que a que se tem com um inimigo traidor.

227 Se sabes que o teu corpo é teu inimigo, e inimigo da glória de Deus, por sê-lo da tua santificação, por que o tratas com tanta brandura?

228 "Passem muito boa tarde" – disseram-nos, como é costume –, e comentou uma alma muito de Deus: – Que desejos tão curtos!

PENITÊNCIA

229 Contigo, Jesus, que agradável é a dor e que luminosa a obscuridade!

230 Sofres! – Pois olha: "Ele" não tem o Coração menor que o nosso. – Sofres? Convém.

231 O jejum rigoroso é penitência agradabilíssima a Deus. – Mas, ora por esta, ora por aquela razão, temos feito concessões. Não faz mal – muito pelo contrário! – que tu, com a aprovação do teu Diretor, o pratiques com frequência.

232 Motivos para a penitência? Desagravo, reparação, petição, ação de graças; meio para progredir...; por ti, por mim, pelos outros, pela tua família, pelo teu país, pela Igreja... E mil motivos mais.

233 Não faças mais penitência do que a que o teu Diretor te consentir.

234 Como enobrecemos a dor quando a colocamos no lugar que lhe corresponde – expiação – na economia do espírito!

EXAME DE CONSCIÊNCIA

235 Exame. – Tarefa diária. – Contabilidade que nunca descura quem tem um negócio.

E há negócio que renda mais que o negócio da vida eterna?

236 À hora do exame, vai prevenido contra o demônio mudo.

237 Examina-te: devagar, com valentia. – Não é verdade que o teu mau humor e a tua tristeza inexplicáveis (inexplicáveis, aparentemente) procedem da tua falta de decisão em cortar os laços, sutis mas "concretos", que te armou – arteiramente, com paliativos – a tua concupiscência?

238 O exame geral assemelha-se à defesa. – O particular, ao ataque. – O primeiro é a armadura. O segundo, espada toledana*.

239 Um olhar sobre o passado. – E... lamentar-te? Não, que é estéril. – Aprender, que é fecundo.

240 Pede luz. Insiste. – Até dares com a raiz, para lhe aplicares essa arma de combate que é o exame particular.

241 Com o exame particular tens de procurar diretamente adquirir uma virtude determinada ou arrancar o defeito que te domina.

242 "Quanto não devo a Deus, como cristão! A minha falta de correspondência, perante essa dívida, tem-me feito chorar de dor: de dor de Amor. «Mea culpa!»"

– Bom é que vás reconhecendo as tuas dívidas. Mas não te esqueças de como se pagam: com lágrimas... e com obras.

(*) As espadas fabricadas na cidade castelhana de Toledo eram conhecidas pela excelente têmpera do seu aço (N. do T.).

243 «Qui fidelis est in minimo et in majori fidelis est»: quem é fiel no pouco, também o é no muito. – São palavras de São Lucas, que te indicam – faz exame – a raiz dos teus descaminhos.

244 Reage. – Ouve o que te diz o Espírito Santo: «Si inimicus meus maledixisset mihi, sustinuissem utique» – que o meu inimigo me ofenda, não é estranho e é mais tolerável. Mas tu... «tu vero homo unanimis, dux meus, et notus meus, qui simul mecum dulces capiebas cibos» – tu, meu amigo, meu apóstolo, que te sentas à minha mesa e comes comigo doces manjares!

245 Em dias de retiro, o teu exame deve ser mais profundo e mais extenso que o habitual exame da noite. – Quando não, perdes uma grande ocasião de retificar.

246 Acaba sempre o teu exame com um ato de Amor – dor de Amor –: por ti, por todos os pecados dos homens... – E considera o cuidado paternal de Deus, que afastou de ti os obstáculos para que não tropeçasses.

PROPÓSITOS

247 Concretiza. – Que os teus propósitos não sejam fogos de artifício, que brilham um instante para deixarem, como realidade amarga, uma vareta de foguete, negra e inútil, que se joga fora com desprezo.

248 És tão jovem! – Pareces um barco que empreende viagem. – Esse ligeiro desvio de agora, se não o corriges, fará que no fim não chegues ao porto.

249 Faz poucos propósitos. – Faz propósitos concretos. – E cumpre-os com a ajuda de Deus.

250 Disseste-me e te ouvi em silêncio: "Sim, quero ser santo". Se bem que esta afirmação, tão esfumada, tão geral, me pareça normalmente uma tolice.

251 Amanhã! Algumas vezes, é prudência; muitas vezes, é o advérbio dos vencidos.

252 Faz este propósito determinado e firme: lembrar-te, quando te derem honras e louvores, daquilo que te envergonha e te faz corar.

Isso é teu; o louvor e a glória, de Deus.

253 Porta-te bem "agora", sem te lembrares do "ontem", que já passou, e sem te preocupares com o "amanhã", que não sabes se chegará para ti.

254 Agora! Volta à tua vida nobre agora.

Não te deixes enganar: "agora" não é demasiado cedo... nem demasiado tarde.

255 Queres que te diga tudo o que penso do "teu caminho"? Pois olha: verás que, se correspondes à chamada divina, trabalharás por Cristo como ninguém; se te fazes homem de oração, obterás essa correspondência de que te falo, e procurarás, com fome de sacrifício, os trabalhos mais duros...

E serás feliz aqui, e felicíssimo depois, na Vida.

256 Essa chaga dói. – Está, porém, em vias de cura; sê consequente com os teus propósitos. E em breve a dor será gozosa paz.

257 Estás como um saco de areia. – Não fazes nada da tua parte. E assim não admira que comeces a sentir os sintomas da tibieza. – Reage.

ESCRÚPULOS

258 Repele esses escrúpulos que te tiram a paz. – Não é de Deus o que rouba a paz da alma.

Quando Deus te visitar, hás de sentir a verdade daquelas saudações: "Dou-vos a paz..., deixo-vos a paz..., a paz seja convosco..." E isso, no meio da tribulação.

259 Ainda os escrúpulos! – Fala com simplicidade e clareza ao teu Diretor.

Obedece..., e não julgues que é tão mesquinho assim o Coração amorosíssimo do Senhor.

260 Tristeza, abatimento. – Não me admira; é a nuvem de pó que a tua queda levantou. Mas basta! Por acaso o vento da graça não levou para longe essa nuvem?

Além disso, a tua tristeza, se não a repeles,

bem pode ser o invólucro da tua soberba. – Julgavas-te perfeito e impecável?

261 Proíbo-te que penses mais nisso. – Pelo contrário, louva a Deus, que devolveu a vida à tua alma.

262 Não penses mais na tua queda. – Esse pensamento, além de pesada laje que te cobre e esmaga, facilmente se tornará ocasião de próximas tentações. – Cristo te perdoou. Esquece o "homem velho".

263 Não desanimes. – Eu te vi lutar... A tua derrota de hoje é treino para a vitória definitiva.

264 Sei que te portaste bem..., apesar de teres caído tão fundo. – Sei que te portaste bem, porque te humilhaste, porque retificaste, porque te encheste de esperança, e a esperança te trouxe de novo ao Amor. – Não faças essa cara boba de surpresa; de fato, te portaste bem! – Já te levantaste do chão. «Surge», clamou de novo a voz poderosa, «et ambula!»* – Agora, ao trabalho!

(*) "Levanta-te e anda!" Jo 5, 8 (N. do T.).

PRESENÇA DE DEUS

265 Os filhos..., como procuram comportar-se dignamente quando estão diante de seus pais!

E os filhos de Reis, diante de seu pai El-Rei, como procuram guardar a dignidade da realeza!

E tu... não sabes que estás sempre diante do Grande Rei, teu Pai-Deus?

266 Não tomes uma decisão sem te deteres a considerar o assunto diante de Deus.

267 É preciso convencer-se de que Deus está junto de nós continuamente. – Vivemos como se o Senhor estivesse lá longe, onde brilham as estrelas, e não consideramos que também está sempre ao nosso lado.

E está como um Pai amoroso – quer mais a

cada um de nós do que todas as mães do mundo podem querer a seus filhos –, ajudando-nos, inspirando-nos, abençoando... e perdoando.

Quantas vezes fizemos desanuviar o rosto de nossos pais dizendo-lhes, depois de uma travessura: Não volto a fazer mais! – Talvez naquele mesmo dia tenhamos tornado a cair... – E o nosso pai, com fingida dureza na voz, de cara séria, repreende-nos..., ao mesmo tempo que se enternece o seu coração, conhecedor da nossa fraqueza, pensando: – Pobre criatura, que esforços faz para se portar bem!

Necessário é que nos embebamos, que nos saturemos de que Pai e muito Pai nosso é o Senhor que está junto de nós e nos céus.

268 Habitua-te a elevar o coração a Deus em ação de graças, muitas vezes ao dia. – Porque te dá isto e aquilo. – Porque te desprezaram. – Porque não tens o que precisas, ou porque o tens.

Porque fez tão formosa a sua Mãe, que é também tua Mãe. – Porque criou o Sol e a Lua e este animal e aquela planta. – Porque fez aquele homem eloquente e a ti te fez difícil de palavra...

Dá-Lhe graças por tudo, porque tudo é bom.

269 Não sejas tão cego ou tão estouvado que deixes de meter-te dentro de cada Sacrário quando divisares os muros ou as torres das casas do Senhor. – Ele te espera.

Não sejas tão cego ou tão estouvado que deixes de rezar a Maria Imaculada ao menos uma jaculatória sempre que passes junto de lugares onde sabes que se ofende a Cristo.

270 Não te alegras quando descobres no teu caminho habitual, pelas ruas da cidade, outro Sacrário?

271 Dizia uma alma de oração: – Nas intenções, seja Jesus o nosso fim; nos afetos, o nosso Amor; na palavra, o nosso assunto; nas ações, o nosso modelo.

272 Emprega esses santos "expedientes humanos" que te aconselhei para não perderes a presença de Deus: jaculatórias, atos de Amor e desagravo, comunhões espirituais, "olhares" à imagem de Nossa Senhora...

273 Só! – Não estás só. Fazemos-te muita companhia, mesmo de longe. – Além disso..., firmado na tua alma em graça, o Espírito Santo – Deus contigo – vai dando tom sobrenatural a todos os teus pensamentos, desejos e obras.

274 "Padre" – dizia-me aquele rapagão (que será feito dele?), bom estudante da Central* –, "estava pensando no que o senhor me falou..., que sou filho de Deus! E me surpreendi, pela rua, de corpo «emproado» e soberbo por dentro... Filho de Deus!"

Aconselhei-o, com segura consciência, a fomentar a "soberba".

275 Não duvido da tua retidão. – Sei que ages na presença de Deus. Mas... (há um "mas"!) as tuas ações são presenciadas ou podem ser presenciadas por homens que julguem humanamente... E é preciso dar-lhes bom exemplo.

276 Se te habituares, mesmo que seja uma só vez por semana, a procurar a união com Maria para ir a Jesus, verás como tens mais presença de Deus.

(*) Assim se chamava à Universidade de Madri na época em que *Caminho* foi escrito (N. do T.).

277 Perguntas-me: – Por que essa Cruz de madeira? – E copio de uma carta: "Ao levantar a vista do microscópio, o olhar vai tropeçar na Cruz negra e vazia. Esta Cruz sem Crucificado é um símbolo. Tem um sentido que os outros não entenderão. E aquele que, cansado, estava a ponto de abandonar a tarefa, aproxima de novo os olhos da ocular e continua trabalhando: porque a Cruz solitária está pedindo uns ombros que carreguem com ela".

278 Tem presença de Deus e terás vida sobrenatural.

VIDA SOBRENATURAL

279 As pessoas, geralmente, têm uma visão plana, pegada à terra, de duas dimensões. – Quando a tua vida for sobrenatural, obterás de Deus a terceira dimensão: a altura. E, com ela, o relevo, o peso e o volume.

280 Se perdes o sentido sobrenatural da tua vida, a tua caridade será filantropia; a tua pureza, decência; a tua mortificação, bobice; as tuas disciplinas, látego; e todas as tuas obras, estéreis.

281 O silêncio é como que o porteiro da vida interior.

282 Paradoxo: é mais acessível ser santo do que sábio, mas é mais fácil ser sábio do que santo.

283 Distrair-te. – Precisas distrair-te..., abrindo muito os olhos, para que entrem bem as imagens das coisas, ou fechando-os quase, por exigências da tua miopia...

Fecha-os de todo! Tem vida interior, e verás, com cor e relevo inesperados, as maravilhas de um mundo melhor, de um mundo novo: e terás intimidade com Deus..., e conhecerás a tua miséria..., e te endeusarás..., com um endeusamento que, aproximando-te de teu Pai, te fará mais irmão dos teus irmãos, os homens.

284 Aspiração: que eu seja bom, e todos os outros melhores do que eu.

285 A conversão é coisa de um instante. A santificação é obra de toda a vida.

286 Não há nada melhor no mundo do que estar em graça de Deus.

287 Pureza de intenção. – Tê-la-ás sempre se, sempre e em tudo, só procurares agradar a Deus.

288 Mete-te nas chagas de Cristo Crucificado. Ali aprenderás a guardar os teus sentidos, terás vida interior, e oferecerás ao Pai continuamente as dores do Senhor e as de Maria, para pagar por tuas dívidas e por todas as dívidas dos homens.

289 Essa tua santa impaciência por servir a Deus não Lhe desagrada. – Mas será estéril se não for acompanhada de um efetivo melhoramento na tua conduta diária.

290 Retificar. – Cada dia um pouco. – Eis o teu trabalho constante, se de verdade queres tornar-te santo.

291 Tens obrigação de santificar-te. – Tu também. – Alguém pensa, por acaso, que é tarefa exclusiva de sacerdotes e religiosos?

A todos, sem exceção, disse o Senhor: "Sede perfeitos, como meu Pai Celestial é perfeito".

292 A tua vida interior deve ser isso precisamente: começar... e recomeçar.

293 Na vida interior, tens considerado devagar a beleza de "servir" com voluntariedade sempre atual?

294 Não se viam as plantas cobertas pela neve. – E o agricultor, dono do campo, comentou jovialmente: "Agora estão crescendo para dentro".

– Pensei em ti, na tua forçosa inatividade...

– E... diz-me uma coisa: também cresces para dentro?

295 Se não és senhor de ti mesmo, ainda que sejas poderoso, dá-me pena e riso o teu senhorio.

296 É duro ler nos Santos Evangelhos a pergunta de Pilatos: "Quem quereis que vos solte? Barrabás ou Jesus, que se chama Cristo?" – É mais penoso ouvir a resposta: "Barrabás!"

E mais terrível ainda verificar que – muitas vezes! –, ao afastar-me do caminho, tenho dito também: "Barrabás!" E tenho acrescentado: "Cristo?... «Crucifige eum!» – Crucifica-o!"

297 Tudo isso, que te preocupa de momento, é mais ou menos importante. – O que importa acima de tudo é que sejas feliz, que te salves.

298 Luzes novas! – Que alegria sentes porque o Senhor te fez descobrir uma nova América!

– Aproveita esses instantes: é a hora de romperes a cantar um hino de ação de graças, e é também a hora de sacudires o pó de alguns recantos da tua alma, de abandonares certas rotinas, de agires mais sobrenaturalmente, de evitares um possível escândalo ao próximo...

– Numa palavra: que o teu agradecimento se manifeste em um propósito concreto.

299 Cristo morreu por ti. – Tu... que deves fazer por Cristo?

300 A tua experiência pessoal – esse desabrimento, essa inquietação, essa amargura – faz-te sentir a verdade daquelas palavras de Jesus: "Ninguém pode servir a dois senhores!"

MAIS SOBRE VIDA INTERIOR

301 Um segredo. – Um segredo em voz alta: estas crises mundiais são crises de santos.

Deus quer um punhado de homens "seus" em cada atividade humana. – Depois... «pax Christi in regno Christi» – a paz de Cristo no reino de Cristo.

302 O teu Crucifixo. – Como cristão, deverias trazer sempre contigo o teu Crucifixo. E colocá-lo sobre a tua mesa de trabalho. E beijá-lo antes de te entregares ao descanso e ao acordar.

– E quando o pobre corpo se rebelar contra a tua alma, beija-o também.

303 Perde o medo de chamar o Senhor pelo seu nome – Jesus – e de Lhe dizer que O amas.

304 Procura encontrar diariamente uns minutos dessa bendita solidão que tanta falta te faz para teres em andamento a vida interior.

305 Escreveste-me: "A simplicidade é como que o sal da perfeição. E é o que me falta. Quero consegui-la, com a ajuda dEle e a sua".

– Nem a dEle nem a minha te hão de faltar. – Põe em prática os meios.

306 Que a vida do homem sobre a terra é milícia, disse-o Jó há muitos séculos.

Ainda há comodistas que não deram por isso.

307 Esse modo sobrenatural de proceder é uma verdadeira tática militar. – Sustentas a guerra – as lutas diárias da tua vida interior – em posições que colocas longe dos redutos da tua fortaleza.

E o inimigo acode aí: à tua pequena mortificação, à tua oração habitual, ao teu trabalho metódico, ao teu plano de vida; e é difícil que chegue a aproximar-se dos torreões, fracos para o assalto, do teu castelo. E, se chega, chega sem eficácia.

308 Escreves-me e copio: "A minha alegria e a minha paz... Nunca poderei ter verdadeira alegria se não tiver paz. E o que é a paz? A paz é algo de muito relacionado com a guerra. A paz é consequência da vitória. A paz exige de mim uma contínua luta. Sem luta, não poderei ter paz".

309 Repara que entranhas de misericórdia tem a justiça de Deus! – Porque, nos julgamentos humanos, castiga-se a quem confessa a sua culpa; e no divino, perdoa-se.

Bendito seja o santo Sacramento da Penitência!

310 «Induimini Dominum Jesum Christum» – revesti-vos de Nosso Senhor Jesus Cristo, dizia São Paulo aos Romanos. – É no Sacramento da Penitência que tu e eu nos revestimos de Jesus Cristo e dos seus merecimentos.

311 A guerra! – A guerra – dizes – tem uma finalidade sobrenatural desconhecida do mundo: a guerra foi feita para nós...

– A guerra é o obstáculo máximo do caminho fácil. – Mas temos de amá-la, ao fim e ao cabo, como o religioso deve amar as suas disciplinas.

312 O poder do teu nome, Senhor! – Encabecei a minha carta como costumo: "Jesus te guarde".

– E me escrevem: "O «Jesus te guarde» da sua carta já me serviu para escapar de uma boa. Que Ele os guarde a todos também".

313 "Já que o Senhor me ajuda com a sua habitual generosidade, procurarei corresponder com um «aprimoramento» dos meus modos", disseste-me. – E eu nada tive que acrescentar.

314 Escrevi-te dizendo: "Apoio-me em ti. Vê lá o que fazemos!..." – Que havíamos de fazer, senão apoiar-nos no Outro!

315 Missionário. – Sonhas em ser missionário. Tens vibrações como as de Xavier, e queres conquistar para Cristo um império. – O Japão, a China, a Índia, a Rússia..., os povos frios do norte da Europa, ou a América, ou a África, ou a Austrália...

– Fomenta esses incêndios em teu coração, essa fome de almas. Mas não esqueças que és mais missionário "obedecendo". Geograficamente longe desses campos de apostolado, trabalhas "aqui" e "ali". Não sentes – como Xavier! – o braço cansado, depois de administrares a tantos o batismo?

MAIS SOBRE VIDA INTERIOR

316 Dizes que sim, que queres. – Está bem.

– Mas... queres como um avaro quer o seu ouro, como uma mãe quer ao seu filho, como um ambicioso quer as honras, ou como um pobre sensual quer o seu prazer?

– Não? Então não queres.

317 Que empenho põem os homens nos seus assuntos terrenos!: sonhos de honras, ambição de riquezas, preocupações de sensualidade. – Eles e elas, ricos e pobres, velhos e homens feitos e moços e até crianças; todos a mesma coisa.

– Quando tu e eu pusermos o mesmo empenho nos assuntos da nossa alma, teremos uma fé viva e operante; e não haverá obstáculo que não vençamos nos nossos empreendimentos apostólicos.

318 Para ti, que és esportista, que boa razão é a do Apóstolo!: «Nescitis quod ii qui in stadio currunt omnes quidem currunt, sed unus accipit bravium? Sic currite ut comprehendatis». – Não sabeis que, dos que correm no estádio, embora todos corram, um só obtém o prêmio? Correi de tal maneira que o ganheis.

319 Recolhe-te. – Procura a Deus em ti e escuta-O.

320 Fomenta esses pensamentos nobres, esses santos desejos incipientes... – Uma faísca pode dar origem a uma fogueira.

321 Alma de apóstolo: essa intimidade de Jesus contigo – tão junto dEle, tantos anos! – não te diz nada?

322 É verdade que ao nosso Sacrário chamo sempre Betânia... – Faz-te amigo dos amigos do Mestre: Lázaro, Marta, Maria. – E depois não me perguntarás mais por que chamo Betânia ao nosso Sacrário.

323 Tu sabes que há "conselhos evangélicos". Segui-los é uma finura de Amor. – Dizem que é caminho de poucos. – Às vezes penso que podia ser caminho de muitos.

324 «Quia hic homo coepit aedificare et non potuit consummare!» – começou a edificar e não pôde terminar!

Triste comentário que, se quiseres, não se fará de ti, porque tens todos os meios para coroar o edifício da tua santificação: a graça de Deus e a tua vontade.

TIBIEZA

325 Luta contra essa frouxidão que te faz preguiçoso e desleixado na tua vida espiritual. – Olha que pode ser o princípio da tibieza..., e, na frase da Escritura, aos tíbios, Deus os vomitará.

326 Dói-me ver o perigo de tibieza em que te encontras quando não te vejo caminhar seriamente para a perfeição dentro do teu estado.

– Diz comigo: Não quero tibieza! «Confige timore tuo carnes meas!» – dá-me, meu Deus, um temor filial que me faça reagir!

327 Já sei que evitas os pecados mortais. – Queres salvar-te! – Mas não te preocupa esse contínuo cair deliberadamente em pecados veniais, ainda que sintas o chamado de Deus para te venceres em cada caso.

– É a tibieza que torna a tua vontade tão fraca.

328 Que pouco Amor de Deus tens quando cedes sem luta só porque não é pecado grave!

329 Os pecados veniais fazem muito mal à alma. – Por isso, «capite nobis vulpes parvulas, quae demoliuntur vineas», diz o Senhor no "Cântico dos Cânticos": caçai as pequenas raposas que destroem a vinha.

330 Que pena me dás enquanto não sentires dor dos teus pecados veniais! – Porque, até então, não terás começado a ter verdadeira vida interior.

331 És tíbio se fazes preguiçosamente e de má vontade as coisas que se referem ao Senhor; se procuras com cálculo ou "manha" o modo de diminuir os teus deveres; se só pensas em ti e na tua comodidade; se as tuas conversas são ociosas e vãs; se não aborreces o pecado venial; se ages por motivos humanos.

ESTUDO

332 Àquele que puder ser sábio, não lhe perdoamos que não o seja.

333 Estudo. – Obediência: «Non multa, sed multum»*.

334 Oras, mortificas-te, trabalhas em mil coisas de apostolado..., mas não estudas. – Não serves, então, se não mudas.
 O estudo, a formação profissional, seja qual for, é obrigação grave entre nós.

335 Para um apóstolo moderno, uma hora de estudo é uma hora de oração.

(*) "Não muitas coisas, mas muito", em profundidade (N. do T.).

336 Se tens de servir a Deus com a tua inteligência, para ti estudar é uma obrigação grave.

337 Frequentas os Sacramentos, fazes oração, és casto... e não estudas... – Não me digas que és bom; és apenas bonzinho.

338 Dantes, como os conhecimentos humanos – a ciência – eram muito limitados, parecia bem possível que um só homem sábio pudesse fazer a defesa e a apologia da nossa santa Fé.

Hoje, com a extensão e a intensidade da ciência moderna, é preciso que os apologistas dividam entre si o trabalho, para defenderem cientificamente a Igreja em todos os campos.

– Tu... não podes furtar-te a esta obrigação.

339 Livros. Não os compres sem te aconselhares com pessoas cristãs, doutas e prudentes. – Poderias comprar uma coisa inútil ou prejudicial.

Quantas vezes julgam levar debaixo do braço um livro... e levam um montão de lixo!

340 Estuda. – Estuda com empenho. – Se tens de ser sal e luz, necessitas de ciência, de idoneidade.

ESTUDO

Ou julgas que, por seres preguiçoso e comodista, hás de receber ciência infusa?

341 Está certo que ponhas esse empenho no estudo, sempre que ponhas o mesmo empenho em adquirir a vida interior.

342 Não esqueças que antes de ensinar é preciso fazer. – «Coepit facere et docere», diz de Jesus Cristo a Sagrada Escritura: começou a fazer e a ensinar.

– Primeiro, fazer. Para que tu e eu aprendamos.

343 Trabalha. – Quando tiveres a preocupação de um trabalho profissional, melhorará a vida da tua alma. E serás mais varonil, porque abandonarás esse "espírito de mexerico" que te consome.

344 Educador: o inegável empenho que pões em conhecer e praticar o melhor método para que os teus alunos adquiram a ciência terrena, põe-no também em conhecer e praticar a ascética cristã, que é o único método para que eles e tu sejais melhores.

345 Cultura, cultura! – Está certo. Que ninguém nos vença em ambicioná-la e possuí-la.

– Mas a cultura é meio, e não fim.

346 Estudante: forma-te numa piedade sólida e ativa, sobressai no estudo, sente anelos firmes de apostolado profissional. – E eu te prometo, ante o vigor da tua formação religiosa e científica, próximas e amplas conquistas.

347 Só te preocupas de edificar a tua cultura. E é preciso edificar a tua alma. – Assim trabalharás como deves, por Cristo. Para que Ele reine no mundo, é necessário que haja gente que, com o olhar posto no Céu, se dedique prestigiosamente a todas as atividades humanas e, dentro delas, realize silenciosamente – e eficazmente – um apostolado de caráter profissional.

348 A tua incúria, o teu desleixo, a tua indolência são covardia e comodismo – assim te argui continuamente a consciência –, mas "não são caminho".

349 Fica tranquilo se exprimiste uma opinião ortodoxa, ainda que a malícia de quem te escutou o leve a escandalizar-se. – Porque o seu escândalo é farisaico.

350 Não é suficiente que sejas sábio, além de bom cristão. – Se não corriges as maneiras bruscas do teu caráter, se tornas incompatível o teu zelo e a tua ciência com a boa educação, não compreendo como possas vir a ser santo. – E mesmo que realmente sejas sábio, devias estar amarrado a uma manjedoura, como um mulo.

351 Com esse ar de autossuficiência, tornas-te aborrecido e antipático, cais no ridículo e, o que é pior, tiras eficácia ao teu trabalho de apóstolo.

Não esqueças que até os "medíocres" podem pecar por demasiado sábios.

352 A tua própria inexperiência te leva a essa presunção, a essa vaidade, a isso que tu julgas que te dá um ar de importância.

– Corrige-te, por favor. Néscio e tudo, podes chegar a ocupar cargos de direção (mais de um caso se tem visto), e, se não te persuades da tua falta de dotes, te negarás a escutar os que têm dom de conselho. – E dá medo pensar no mal que fará o teu desgoverno.

353 Aconfessionalismo. – Neutralidade. – Velhos mitos que tentam sempre remoçar.

Tens-te dado ao trabalho de meditar no absurdo que é deixar de ser católico ao entrar na Universidade, ou na Associação profissional, ou na sábia Academia, ou no Parlamento, como quem deixa o chapéu à porta?

354 Aproveita o tempo. – Não te esqueças da figueira amaldiçoada. Já fazia alguma coisa: dar folhas. Como tu...

– Não me digas que tens desculpas. – De nada valeu à figueira – narra o Evangelista – não ser tempo de figos, quando o Senhor lá os foi buscar.

– E estéril ficou para sempre.

355 Os que andam em negócios humanos dizem que o tempo é ouro. – Parece-me pouco; para nós, que andamos em negócios de almas, o tempo é Glória!

356 Não compreendo que te digas cristão e tenhas essa vida de preguiçoso inútil. – Será que esqueces a vida de trabalho de Cristo?

357 Todos os pecados – disseste-me – parece que estão à espera do primeiro momento de ócio. O próprio ócio já deve ser um pecado!

– Quem se entrega a trabalhar por Cristo não há de ter um momento livre, porque o descanso não é não fazer nada; é distrair-se em atividades que exigem menos esforço.

358 Estar ocioso é coisa que não se compreende num homem com alma de apóstolo.

359 Põe um motivo sobrenatural na tua atividade profissional de cada dia, e terás santificado o trabalho.

FORMAÇÃO

360 Como te rias, nobremente, quando te aconselhei a pôr teus anos moços sob a proteção de São Rafael!: para que ele te leve a um matrimônio santo, como ao jovem Tobias, com uma moça que seja boa e bonita e rica – disse-te, brincando.

E depois, que pensativo ficaste quando continuei a aconselhar-te que te pusesses também sob o patrocínio daquele Apóstolo adolescente, João, para o caso de o Senhor te pedir mais.

361 Para ti, que te queixas interiormente porque te tratam com dureza, e sentes o contraste desse rigor com a conduta da tua família, copio estes parágrafos da carta de um tenente médico: "Diante do enfermo, é possível a atitude fria e calculadora, mas objetiva e útil para o paciente, do profissional honesto. E também a pieguice lamurienta da família. – Que seria de um posto de socorros durante um combate, quando vai chegando a vaga de feridos, que se amontoam porque a evacuação não é suficientemente rápida, se junto de cada maca houvesse uma família? Era caso para passar-se ao inimigo".

362 Não preciso de milagres; bastam-me os que há na Escritura. – Pelo contrário, faz-me falta o teu cumprimento do dever, a tua correspondência à graça.

363 Desiludido. – Vens de asa caída. Os homens acabam de te dar uma lição! – Julgavam que não precisavas deles, e se desfaziam em oferecimentos. A possibilidade de terem que ajudar-te economicamente – uma quantia miserável – converteu a amizade em indiferença.

– Confia só em Deus e naqueles que, por Ele, estão unidos a ti.

364 Ah! Se te propusesses servir a Deus "seriamente", com o mesmo empenho que pões em servir a tua ambição, as tuas vaidades, a tua sensualidade!...

365 Se sentes impulsos de ser líder, a tua aspiração deve ser esta: com os teus irmãos, o último; com os outros, o primeiro.

366 Mas olha aqui: de que injúria te queixas só porque este ou aquele tem mais confiança com determinadas pessoas, que conheceu antes ou por quem sente mais afinidades de simpatia, de profissão, de caráter?

– No entanto, entre os teus, evita cuidadosamente até a aparência de uma amizade particular.

367 O manjar mais delicado e seleto, se o comer um porco (que assim se chama, sem perdão da palavra), converte-se, quando muito, em carne de porco!

Sejamos anjos, para dignificar as ideias ao assimilá-las. – Pelo menos, sejamos homens, para converter os alimentos, no mínimo, em músculos nobres e belos, ou talvez em cérebro potente..., capaz de entender e adorar a Deus.

– Mas... não sejamos animais, como tantos e tantos!

368 Estás entediado? – É que tens os sentidos despertos e a alma adormecida.

369 A caridade de Jesus Cristo há de levar-te a muitas concessões... nobilíssimas. – E a caridade de Jesus Cristo há de levar-te a muitas intransigências..., nobilíssimas também.

370 Se não és mau e o pareces, és bobo. – E essa bobice – pedra de escândalo – é pior do que a maldade.

371 Quando fervilham, liderando manifestações exteriores de religiosidade, pessoas profissionalmente mal conceituadas, com certeza sentis vontade de lhes dizer ao ouvido: – Por favor, tenham a bondade de ser menos católicos!

372 Se ocupas um posto oficial, tens também uns direitos, que nascem do exercício desse cargo, e uns deveres.

– Desvias-te do teu caminho de apóstolo se, por ocasião – ou com o pretexto – de uma obra de apostolado, deixas de cumprir os deveres do cargo. Porque perderás o prestígio profissional, que é precisamente o teu "anzol de pescador de homens".

373 Gosto do teu lema de apóstolo: "Trabalhar sem descanso".

374 Por que essa precipitação? – Não me digas que é atividade; é estouvamento.

375 Dissipação. – Deixas que os teus sentidos e potências bebam em qualquer charco. – E depois andas desse jeito: sem firmeza, dispersa a atenção, adormecida a vontade e desperta a concupiscência.

– Torna a sujeitar-te com seriedade a um plano que te faça ter vida de cristão, ou nunca farás nada de proveito.

376 "Influi tanto o ambiente!", disseste-me. E tive que responder: – Sem dúvida. Por isso é mister que seja tal a vossa formação, que saibais levar convosco, com naturalidade, o vosso próprio ambiente, para dar o "vosso tom" à sociedade em que viveis.

– E então, se apreendeste esse espírito, tenho a certeza de que me dirás com o pasmo dos primeiros discípulos, ao contemplarem as primícias dos milagres que se operavam por suas mãos em nome de Cristo: "Influímos tanto no ambiente!"

377 E como adquirirei a "nossa formação", e como conservarei o "nosso espírito"? – Cumprindo as normas concretas que o teu Diretor te entregou e te explicou e te fez amar; cumpre-as, e serás apóstolo.

378 Não sejas pessimista. – Não sabes que tudo quanto sucede ou pode suceder é para bem?

– Teu otimismo será consequência necessária da tua fé.

379 Naturalidade. – Que a vossa vida de cavalheiros cristãos, de mulheres cristãs – o vosso sal e a vossa luz –, flua espontaneamente, sem esquisitices nem pieguices; levai sempre convosco o nosso espírito de simplicidade.

380 "E num ambiente paganizado ou pagão, quando esse ambiente chocar com a minha vida, não parecerá postiça a minha naturalidade?", perguntas-me.

E te respondo: – Chocará, sem dúvida, a tua vida com a deles. E esse contraste, porque confirma com as tuas obras a tua fé, é precisamente a naturalidade que eu te peço.

381 Não te importes se dizem que tens "espírito de grupo".

– Que querem? Um instrumento deliquescente que se desfaça em pedaços à hora de empunhá-lo?

382 Ao oferecer-te aquela História de Jesus, pus como dedicatória: "Que procures Cristo. Que encontres Cristo. Que ames a Cristo".

– São três etapas claríssimas. Tentaste, pelo menos, viver a primeira?

383 Se te veem fraquejar... e és autoridade, não é de estranhar que se quebrante a obediência.

384 Confusionismo. Soube que estava vacilando a retidão do teu critério. E, para que me entendesses, escrevi-te: – O diabo tem a cara muito feia e, como é esperto, não se expõe a que lhe vejamos os cornos. Não vem de frente. – Por isso, quantas vezes aparece com disfarces de nobreza e até de espiritualidade!

385 Diz o Senhor: "Um mandamento novo vos dou: que vos ameis uns aos outros... Nisto se conhecerá que sois meus discípulos".

– E São Paulo: "Carregai os fardos uns dos outros, e assim cumprireis a lei de Cristo".

– Eu não te digo nada.

386 Não esqueças, meu filho, que para ti, na terra, só há um mal que deves temer e, com a graça divina, evitar: o pecado.

O PLANO DA TUA SANTIDADE

387 O plano de santidade que o Senhor nos pede é determinado por estes três pontos:

– A santa intransigência, a santa coação e a santa desvergonha*.

(*) São Josemaria serve-se aqui três vezes de um recurso literário, o chamado *oxímoro* (figura que consiste em unir palavras contraditórias), para explicar de modo expressivo que a procura da santidade não é incompatível com a energia.

Com a expressão "santa coação" anima o leitor a encarar, dentro do absoluto respeito pela liberdade pessoal dos outros, a sua própria responsabilidade apostólica em relação aos que estão à sua volta, fazendo eco ao Evangelho: "Sai pelas estradas (...) e obriga as pessoas a entrar" (Lc 14, 23). Com as palavras "santa intransigência" incentiva a defender a própria fé com energia e mansidão, como uma questão de coerência cristã. E com os termos "santa desvergonha" convida a não se preocupar excessivamente com o fato de que outros percebam as suas

388 Uma coisa é a santa desvergonha, e outra o despudor "laico".

389 A santa desvergonha é uma característica da "vida de infância". A uma criança, nada a preocupa. – As suas misérias, as suas naturais misérias, põem-se em evidência com simplicidade, mesmo que todo o mundo a contemple...

Essa desvergonha, aplicada à vida sobrenatural, traz consigo este raciocínio: louvor... menosprezo; admiração... escárnio; honra... desonra; saúde... doença; riqueza... pobreza; formosura... fealdade...

E tudo isso... que importa?

390 Ri-te do ridículo. – Despreza o que dirão. Vê e sente a Deus em ti mesmo e no que te rodeia.
– Assim acabarás conseguindo a santa desver-

---

limitações, e a não ocultar a condição de cristão quando o ambiente social é hostil à fé.

Portanto, nas três expressões o adjetivo "santa" modifica o significado do substantivo que qualifica, e é fundamental para entender a intenção de São Josemaria. De resto, a leitura do conjunto de *Caminho* deixa bem claro que a virtude mais importante – a que torna "santas" a coação, a intransigência e a desvergonha – é a caridade (cfr. *Caminho*, ns. 369 e 463)» (N. do T.).

gonha de que precisas – ó paradoxo! – para viver com delicadeza de cavalheiro cristão.

391 Se tens a santa desvergonha, que te importa "o que terão dito" ou "o que dirão"?

392 Convence-te de que o ridículo não existe para quem faz o melhor.

393 Um homem, um... cavalheiro transigente, tornaria a condenar Jesus à morte.

394 A transigência é sinal certo de não se possuir a verdade. – Quando um homem transige em coisas de ideal, de honra ou de Fé, esse homem é um homem... sem ideal, sem honra e sem Fé.

395 Aquele homem de Deus, curtido na luta, argumentava assim: – Não transijo? Mas é claro! Porque estou persuadido da verdade do meu ideal. Pelo contrário, você é muito transigente... Parece-lhe que dois e dois sejam três e meio? – Não?... Nem por amizade cede em tão pouca coisa?

– É que pela primeira vez se persuadiu de ter a verdade... e passou-se para o meu partido!

396 A santa intransigência não é destempero.

397 Sê intransigente na doutrina e na conduta. – Mas suave na forma. – Maça poderosa de aço, almofadada.

– Sê intransigente, mas não sejas cabeçudo.

398 A intransigência não é intransigência sem mais nada: é "a santa intransigência".

Não nos esqueçamos de que também há uma "santa coação".

399 Se, para salvar uma vida terrena, com o aplauso de todos, empregamos a força para evitar que um homem se suicide..., não havemos de poder empregar a mesma coação – a santa coação – para salvar a Vida (com maiúscula) de muitos que se obstinam em suicidar idiotamente a sua alma?

400 Quantos crimes se cometem em nome da justiça! – Se tu vendesses armas de fogo, e alguém te pagasse o preço de uma delas para matar com essa arma a tua mãe, tu a venderias?... Mas será que não te dava o seu justo preço?...

– Professor, jornalista, político, diplomata: meditai.

401 Deus e audácia! – Audácia não é imprudência. – Audácia não é temeridade.

402 Não peças perdão a Jesus apenas de tuas culpas; não O ames com teu coração somente...

Desagrava-O por todas as ofensas que Lhe têm feito, que Lhe fazem e Lhe hão de fazer...; ama-O com toda a força de todos os corações de todos os homens que mais O tenham amado.

Sê audaz: diz-Lhe que estás mais louco por Ele que Maria Madalena, mais que Teresa e Teresinha..., mais apaixonado que Agostinho e Domingos e Francisco, mais que Inácio e Xavier.

403 Ganha mais audácia ainda e, quando precisares de alguma coisa, aceitando sempre de antemão o «fiat»*, não peças; diz: "Jesus, quero isto ou aquilo", porque assim pedem as crianças.

404 Fracassaste! – Nós nunca fracassamos. – Puseste por completo a tua confiança em Deus. Não omitiste, depois, nenhum meio humano.

Convence-te desta verdade: o teu êxito – agora

(*) "Faça-se" (N. do T.).

e nisto – era fracassar. – Dá graças ao Senhor e... torna a começar!

405 Fracassaste? – Tu (estás bem convencido) não podes fracassar.

Não fracassaste; adquiriste experiência. – Para a frente!

406 Aquilo, sim, foi um fracasso, um desastre: porque perdeste o nosso espírito. – Já sabes que, com sentido sobrenatural, o final (vitória?, derrota? Ora!...) só tem um nome: êxito.

407 Não confundamos os direitos do cargo com os da pessoa. – Àqueles não se pode renunciar.

408 Santarrão está para santo como beato para piedoso: é a sua caricatura.

409 Não pensemos que há de valer alguma coisa a nossa aparente virtude de santos, se não estiver unida às comuns virtudes de cristãos.

– Seria o mesmo que adornar-se com esplêndidas joias sobre roupa de baixo.

410 Que a tua virtude não seja uma virtude sonora.

411 Muitos falsos apóstolos, apesar deles, fazem bem à massa, ao povo, pela própria virtude da doutrina de Jesus que pregam, ainda que não a pratiquem.

Mas, com este bem, não se compensa o mal enorme e efetivo que produzem, matando almas de líderes, de apóstolos, que se afastam, enojadas, daqueles que não fazem o que ensinam aos outros.

Por isso, se não querem ter uma vida íntegra, nunca devem pôr-se na primeira fila, como chefes de grupo – nem eles, nem elas.

412 Que o fogo do teu Amor não seja um fogo-fátuo – ilusão, mentira de fogo, que nem ateia em labaredas o que toca nem dá calor.

413 O «non serviam» de Satanás tem sido demasiado fecundo. – Não sentes o impulso generoso de dizer cada dia, com vontade de oração e de obras, um «serviam» – eu Te servirei, eu Te serei fiel! – que vença em fecundidade aquele clamor de rebeldia?

414 Que pena um "homem de Deus" pervertido! – Mas mais pena ainda um "homem de Deus" tíbio e mundano!

415 Não dês muita importância ao que o mundo chama vitórias ou derrotas. – Sai tantas vezes derrotado o vencedor!

416 «Sine me nihil potestis facere!»* Nova luz, ou melhor, resplendores novos, para os meus olhos, dessa Luz Eterna que é o Santo Evangelho.
— Podem surpreender-me as "minhas"... tolices?
— Meta eu Jesus em todas as minhas coisas. E, então, não haverá tolices na minha conduta. E, para falar com propriedade, não direi mais as minhas coisas, mas "as nossas coisas".

(*) "Sem mim nada podeis fazer" Jo 15, 5 (N. do T.).

AMOR DE DEUS

417 Não há outro amor além do Amor!

418 O segredo para dar relevo às coisas mais humildes, mesmo às mais humilhantes, é amar.

419 Criança. – Doente. – Ao escrever estas palavras, não sentis a tentação de as pôr com maiúsculas?

É que, para uma alma enamorada, as crianças e os doentes são Ele.

420 Que pouco é uma vida para oferecê-la a Deus!...

421 Um amigo é um tesouro. – Quanto mais... um Amigo!..., que onde está o teu tesouro, aí está o teu coração.

422 Jesus é teu amigo. – O Amigo. – Com coração de carne como o teu. – Com olhos de olhar amabilíssimo, que choraram por Lázaro...

– E, tanto como a Lázaro, te ama a ti.

423 Meu Deus, eu Te amo, mas... ensina-me a amar!

424 Castigar por Amor: este é o segredo para elevar a um plano sobrenatural a pena imposta aos que a merecem.

Por amor a Deus, a quem se ofende, sirva a pena de expiação; por amor ao próximo por Deus, jamais sirva a pena de vingança, mas de remédio salutar.

425 Saber que me amas tanto, meu Deus, e... não enlouqueci?!

426 Em Cristo temos todos os ideais: porque é Rei, é Amor, é Deus.

427 Senhor: que eu tenha peso e medida em tudo... menos no Amor.

428 Se o amor, mesmo o amor humano, dá tantas consolações aqui, o que será o Amor no Céu?

429 Tudo o que se faz por Amor adquire formosura e se engrandece.

430 Jesus, que eu seja o último em tudo... e o primeiro no Amor.

431 Não temas a Justiça de Deus. – Tão admirável e tão amável é em Deus a Justiça como a Misericórdia; ambas são provas do Amor.

432 Considera o que há de mais formoso e grande na terra..., o que apraz ao entendimento e às outras potências..., o que é recreio da carne e dos sentidos... E o mundo, e os outros mundos que brilham na noite: o Universo inteiro.

E isso, mais todas as loucuras do coração satisfeitas..., nada vale, é nada e menos que nada, ao lado deste Deus meu! – teu! –, tesouro infinito, pérola preciosíssima, humilhado, feito escravo, aniquilado sob a forma de servo no curral onde quis nascer, na oficina de José, na Paixão e na morte ignominiosa..., e na loucura de Amor da Sagrada Eucaristia.

433 Vive de Amor e vencerás sempre – ainda que sejas vencido – nas Navas e Lepantos* da tua luta interior.

434 Deixa que o teu coração transborde em efusões de Amor e de agradecimento ao considerar como a graça de Deus te liberta todos os dias dos laços que te arma o inimigo.

435 «Timor Domini sanctus». – Santo é o temor de Deus. – Temor que é veneração do filho por seu Pai; nunca temor servil, porque teu Pai-Deus não é um tirano.

436 Dor de Amor. – Porque Ele é bom. – Porque é teu Amigo, que deu a sua Vida por ti. – Porque tudo o que tens de bom é dEle. – Porque

---

(*) *Navas de Tolosa*: famosa batalha travada em 1212 no sul da Espanha, ganha pelos exércitos dos reinos cristãos da Península Ibérica contra os muçulmanos da Andaluzia e do norte da África. *Lepanto*: batalha naval travada no Mediterrâneo em 1571, entre as esquadras turca e cristã, em que venceu a frota cristã (N. do T.).

O tens ofendido tanto... Porque te tem perdoado... Ele!... a ti!

— Chora, meu filho, de dor de Amor.

437 Se um homem tivesse morrido para me livrar da morte!...

— Morreu Deus. E fico indiferente.

438 Louco! — Bem te vi (julgavas-te só na capela episcopal) depor um beijo em cada cálice e em cada patena recém-consagrados: para que Ele os encontre, quando pela primeira vez "descer" a esses vasos eucarísticos.

439 Não esqueças que a Dor é a pedra de toque do Amor.

CARIDADE

440 Quando tiveres terminado o teu trabalho, faz o do teu irmão, ajudando-o, por Cristo, com tal delicadeza e naturalidade, que nem mesmo o favorecido repare que estás fazendo mais do que em justiça deves.

– Isso, sim, é fina virtude de filho de Deus!

441 Doem-te as faltas de caridade do próximo para contigo. Quanto não hão de doer a Deus as tuas faltas de caridade – de Amor – para com Ele?

442 Não admitas um mau pensamento acerca de ninguém, mesmo que as palavras ou obras do interessado deem motivo para assim julgares razoavelmente.

443 Não faças crítica negativa; quando não puderes louvar, cala-te.

444 Nunca fales mal do teu irmão, mesmo que tenhas motivos de sobra. – Vai primeiro ao Sacrário, e depois procura o Sacerdote, teu pai, e desabafa também com ele a tua pena.
– E com mais ninguém.

445 A murmuração é crosta que suja e atrapalha o apostolado. – Vai contra a caridade, tira forças, rouba a paz e faz perder a união com Deus.

446 Se és tão miserável, como estranhas que os outros tenham misérias?

447 Depois de ver em que se empregam, por completo!, muitas vidas (língua, língua, língua, com todas as suas consequências), parece-me mais necessário e mais amável o silêncio. – E compreendo muito bem que peças contas, Senhor, da palavra ociosa.

448 É mais fácil dizer que fazer. – Tu..., que tens essa língua cortante – de navalha –, experimentaste alguma vez, ao menos por acaso, fazer "bem" o que, segundo a tua "autorizada" opinião, os outros fazem menos bem?

449 Isso chama-se: bisbilhotice, murmuração, mexerico, enredo, intriga, alcovitice, insídia..., calúnia?... vileza?
– É difícil que a "função de dar critério" de quem não tem o dever de exercitá-la, não acabe em "negócio de comadres".

450 Quanto dói a Deus e quanto mal faz a muitas almas – e quanto pode santificar outras – a injustiça dos "justos"!

451 Não queiramos julgar. – Cada qual vê as coisas do seu ponto de vista... e com o seu entendimento, bem limitado quase sempre, e com os olhos obscurecidos ou enevoados, com trevas de exaltação muitas vezes.

Além disso, tal como a desses pintores modernistas, a visão de certas pessoas é tão subjetiva e tão enfermiça, que desenham uns traços arbitrários, assegurando-nos que são o nosso retrato, a nossa conduta...

Como valem pouco os juízos dos homens! –

Não julgueis sem peneirar o vosso juízo na oração.

452 Esforça-te, se é preciso, por perdoar sempre aos que te ofendem, desde o primeiro instante, já que, por maior que seja o prejuízo ou a ofensa que te façam, mais te tem perdoado Deus a ti.

453 Murmuras? – Então, estás perdendo o bom espírito. E, se não aprendes a calar-te, cada palavra é um passo que te aproxima da porta de saída desse empreendimento apostólico em que trabalhas.

454 Não julgueis sem ouvir ambas as partes. – Mesmo as pessoas que se têm por piedosas esquecem muito facilmente esta norma de prudência elementar.

455 Sabes o mal que podes ocasionar jogando para longe uma pedra com os olhos vendados?

– Também não sabes o prejuízo que podes causar, às vezes grave, quando lanças frases de murmuração, que te parecem levíssimas por teres os olhos vendados pela inconsciência ou pela exaltação.

456 Fazer crítica, destruir, não é difícil: o último aprendiz de pedreiro sabe cravar a sua ferramenta na pedra nobre e bela de uma catedral.

– Construir: esse é o trabalho que requer mestres.

457 Quem és tu para julgar do acerto do superior? – Não vês que ele tem mais elementos de juízo do que tu; mais experiência; mais retos, sábios e desapaixonados conselheiros; e, sobretudo, mais graça, uma graça especial, a graça de estado, que é luz e ajuda poderosa de Deus?

458 Esses choques com o egoísmo do mundo hão de fazer-te apreciar mais a caridade fraternal dos teus.

459 A tua caridade é... presunçosa. – De longe, atrais: tens luz. – De perto, repeles: falta-te calor. – Que pena!

460 «Frater qui adjuvatur a fratre quasi civitas firma» – O irmão ajudado por seu irmão é tão forte quanto uma cidade amuralhada.

– Pensa um pouco e decide-te a viver a fraternidade que sempre te recomendo.

461 Se não te vejo praticar a bendita fraternidade que continuamente te prego, lembrar-te-ei aquelas comoventes palavras de São João: «Filioli mei, non diligamus verbo neque lingua, sed opere et veritate» – Filhinhos, não amemos com a palavra ou com a língua, mas com obras e de verdade.

462 O poder da caridade! – A vossa mútua fraqueza é também apoio que vos mantém erguidos no cumprimento do dever, se viveis a vossa bendita fraternidade: como mutuamente se sustêm, apoiando-se, as cartas do baralho.

463 Mais do que em "dar", a caridade está em "compreender".

– Por isso, procura uma desculpa para o teu próximo – sempre as há –, se tens o dever de julgar.

464 Sabes que certa pessoa está em perigo para a sua alma? – De longe, com a tua vida de união, podes ser para ela uma ajuda eficaz. – Então vamos lá! E não te intranquilizes.

465 Essa preocupação que sentes pelos teus irmãos parece-me bem; é prova da vossa mútua

CARIDADE

caridade. – Procura, no entanto, que as tuas preocupações não degenerem em inquietação.

466 Escreves-me: – "Regra geral, os homens são pouco generosos com o seu dinheiro. Conversas, entusiasmos ruidosos, promessas, planos. À hora do sacrifício, são poucos os que «metem ombros». E, se dão, há de ser com uma diversão de permeio – baile, bingo, cinema, coquetel – ou com anúncio e lista de donativos na imprensa".

– O quadro é triste, mas tem exceções. Sê tu também dos que não deixam que a mão esquerda saiba o que faz a direita, quando dão esmola.

467 Livros. – Estendi a mão, como um pobrezinho de Cristo, e pedi livros. Livros!, que são alimento para a inteligência católica, apostólica e romana de muitos jovens universitários.

– Estendi a mão, como um pobrezinho de Cristo..., e sofri cada decepção!

– Por que será que não entendem, Jesus, a profunda caridade cristã dessa esmola, mais eficaz do que dar pão de bom trigo?

468 És excessivamente cândido. – Dizes que são poucos os que praticam a caridade! – Porque ter caridade não é dar roupa velha ou uns trocados...

– E me contas o teu caso e a tua desilusão.

– Só me ocorre isto: vamos tu e eu dar e dar-nos sem tacanhice. E evitaremos que os que convivem conosco adquiram a tua triste experiência.

469 "Saudai todos os santos. Todos os santos vos saúdam. A todos os santos que vivem em Éfeso. A todos os santos em Cristo Jesus que estão em Filipos". – Que comovente esse apelativo – santos! – que os primeiros fiéis cristãos empregavam para se designarem entre si, não é verdade?

– Aprende a tratar com os teus irmãos.

OS MEIOS

470 Mas... e os meios? – São os mesmos de Pedro e Paulo, de Domingos e Francisco, de Inácio e Xavier: o Crucifixo e o Evangelho...

– Será que te parecem pequenos?

471 Nos empreendimentos de apostolado, está certo – é um dever – que consideres os teus meios terrenos (2 + 2 = 4). Mas não esqueças – nunca! – que tens de contar, felizmente, com outra parcela: Deus + 2 + 2...

472 Serve ao teu Deus com retidão, sê-Lhe fiel... e não te preocupes com mais nada. Porque é uma grande verdade que, "se procuras o reino de Deus e a sua justiça, Ele te dará o resto – o material, os meios – por acréscimo".

473 Lança para longe de ti essa desesperança que te produz o conhecimento da tua miséria. – É verdade: por teu prestígio econômico, és um zero..., por teu prestígio social, outro zero..., e outro por tuas virtudes, e outro por teu talento...

Mas, à esquerda dessas negações está Cristo... E que cifra incomensurável não resulta!

474 Dizes que és... ninguém. – Que os outros levantaram e levantam agora maravilhas de organização, de imprensa, de propaganda. – Que têm todos os meios, enquanto tu não tens nenhum!... Está certo; mas lembra-te de Inácio:

Ignorante, entre os doutores de Alcalá* – Pobre, paupérrimo, entre os estudantes de Paris. – Perseguido, caluniado...

É o caminho: ama e crê e sofre! O teu Amor e a tua Fé e a tua Cruz são os meios infalíveis para levares à prática e para eternizares as ânsias de apostolado que trazes no coração.

475 Reconheces-te miserável. E és. – Apesar de tudo – mais ainda, por isso –, Deus te procurou.

(*) Alcalá de Henares, Universidade espanhola muito célebre no século XVI (N. do T.).

– Sempre emprega instrumentos desproporcionados: para que se veja que a "obra" é dEle.

– A ti, só te pede docilidade.

476 Quando te "entregares" a Deus, não haverá dificuldade que possa abalar o teu otimismo.

477 Por que deixas esses recantos em teu coração? – Enquanto não te deres tu de todo, é inútil que pretendas levar outro a Deus.

– Pobre instrumento és.

478 Mas – nesta altura! – será possível que ainda necessites da aprovação, do calor, das consolações dos poderosos, para continuares a fazer o que Deus quer?

– Os poderosos costumam ser volúveis, e tu tens de ser constante. – Mostra-te agradecido, se te ajudam. E continua em frente, imperturbável, se te desprezam.

479 Não faças caso. – Sempre os "prudentes" têm chamado de loucuras as obras de Deus.

– Para a frente! Audácia!

480 Estás vendo? Um fio e outro e muitos, bem entrançados, formam esse cabo, capaz de levantar pesos enormes.

— Tu e os teus irmãos, unidas as vossas vontades para cumprir a de Deus, sereis capazes de vencer todos os obstáculos.

481 Quando só se procura a Deus, bem se pode pôr em prática, para fazer vingar as obras de apostolado, aquele princípio que sustentava um bom amigo nosso: "Gasta-se o que se deve, ainda que se deva o que se gasta".

482 Que importa que tenhas contra ti o mundo inteiro, com todos os seus poderes? Tu... para a frente!
— Repete as palavras do salmo: "O Senhor é a minha luz e a minha salvação, a quem temerei?... «Si consistant adversum me castra, non timebit cor meum» — Ainda que me veja cercado de inimigos, não fraquejará meu coração".

483 Coragem! Tu... podes. — Não vês o que fez a graça de Deus com aquele Pedro dorminhoco, negador e covarde..., com aquele Paulo perseguidor, odiento e pertinaz?

484 Sê instrumento: de ouro ou de aço, de platina ou de ferro..., grande ou pequeno, delicado ou tosco...

– Todos são úteis; cada um tem a sua missão própria. É como no mundo material: quem se atreverá a dizer que é menos útil o serrote do carpinteiro do que as pinças do cirurgião?

– Teu dever é ser instrumento.

485 Certo. E daí? – Não entendo como te podes retrair desse trabalho de almas (se não é por oculta soberba: julgas-te perfeito), só porque o fogo de Deus que te atraiu, além da luz e do calor que te entusiasmam, lança às vezes a fumaça da fraqueza dos instrumentos.

486 Trabalho... há. – Os instrumentos não podem estar enferrujados. – Normas há também para evitar o mofo e a ferrugem. – Basta pô-las em prática.

487 Não te inquietes com o problema econômico que se avizinha do teu empreendimento de apostolado. – Aumenta a confiança em Deus, faz humanamente o que puderes, e verás com que rapidez o dinheiro deixa de ser problema!

488 Não deixes de fazer as coisas por falta de instrumentos; começa-se como se pode. – Depois, a função cria o órgão. Alguns, que não prestavam, tornam-se aptos. Com os outros, faz-se uma operação cirúrgica, ainda que doa – bons "cirurgiões" foram os santos! –, e segue-se adiante.

489 Fé viva e penetrante. Como a fé de Pedro. – Quando a tiveres, disse-o Ele, afastarás as montanhas, os obstáculos, humanamente insuperáveis, que se oponham aos teus empreendimentos de apóstolo.

490 Retidão de coração e boa vontade: com estes dois elementos e o olhar posto em cumprir o que Deus quer, verás transformados em realidade os teus sonhos de Amor e saciada a tua fome de almas.

491 «Nonne hic est fabri filius? Nonne hic est faber, filius Mariae?» – Porventura não é este o filho do artesão? Não é o artesão, filho de Maria?
— Isto que disseram de Jesus, é bem possível que o digam de ti, com um pouco de pasmo e outro pouco de troça, quando "definitivamente" quiseres cumprir a Vontade de Deus, ser instrumento: "Mas este não é aquele?..."
— Cala-te. E que as tuas obras confirmem a tua missão.

A VIRGEM MARIA

492 O amor à nossa Mãe será sopro que atice em fogo vivo as brasas de virtude que estão ocultas sob o rescaldo da tua tibieza.

493 Ama a Senhora. E Ela te obterá graça abundante para venceres nesta luta cotidiana. – E de nada servirão ao maldito essas coisas perversas que sobem e sobem, fervendo dentro de ti, até quererem sufocar, com a sua podridão bem cheirosa, os grandes ideais, os mandamentos sublimes que o próprio Cristo pôs em teu coração. – «Serviam!»*

494 Sê de Maria e serás nosso.

(*) "Servirei!" (N. do T.).

495 A Jesus sempre se vai e se "volta" por Maria.

496 Como gostam os homens de que lhes recordem o seu parentesco com personagens da literatura, da política, do exército, da Igreja!...

– Canta diante da Virgem Imaculada, recordando-lhe:

"Ave, Maria, Filha de Deus Pai; Ave, Maria, Mãe de Deus Filho; Ave, Maria, Esposa de Deus Espírito Santo... Mais do que tu, só Deus!"

497 Diz: – Minha Mãe (tua, porque és seu por muitos títulos), que o teu amor me ate à Cruz de teu Filho; que não me falte a Fé, nem a valentia, nem a audácia para cumprir a vontade do nosso Jesus.

498 Todos os pecados da tua vida parecem ter-se posto de pé. – Não desanimes. Pelo contrário, chama por tua Mãe, Santa Maria, com fé e abandono de criança. Ela trará o sossego à tua alma.

499 Maria Santíssima, Mãe de Deus, passa despercebida, como mais uma, entre as mulheres do seu povo.

– Aprende dEla a viver com "naturalidade".

500 Traz sobre o teu peito o santo escapulário do Carmo. – Poucas devoções (há muitas e muito boas devoções marianas) estão tão arraigadas entre os fiéis e têm tantas bênçãos dos Pontífices. Além disso, é tão maternal este privilégio sabatino!

501 Quando te perguntaram que imagem de Nossa Senhora te dava mais devoção, e respondeste – como quem já fez bem a experiência – que todas, compreendi que eras um bom filho. Por isso te parecem bons (enamoram-me, disseste) todos os retratos da tua Mãe.

502 Maria, Mestra de oração. – Olha como pede a seu Filho em Caná. E como insiste, sem desanimar, com perseverança. – E como consegue.

– Aprende.

503 Soledade de Maria. Só! – Chora, sem amparo.

– Tu e eu devemos acompanhar Nossa Senhora, e chorar também; porque a Jesus O pregaram ao madeiro, com pregos, as nossas misérias.

504 A Virgem Santa Maria, Mãe do Amor Formoso, aquietará o teu coração, quando te fizer sentir que é de carne, se recorres a Ela com confiança.

505 O amor à Senhora é prova de bom espírito, nas obras e nas pessoas singulares.

– Desconfia do empreendimento que não tenha esse sinal.

506 A Virgem Dolorosa... Quando a contemplares, repara em seu Coração. É uma Mãe com dois filhos, frente a frente: Ele... e tu.

507 Que humildade, a de minha Mãe Santa Maria! – Não a vereis entre as palmas de Jerusalém, nem – afora as primícias de Caná – à hora dos grandes milagres.

– Mas não foge ao desprezo do Gólgota; ali está «juxta crucem Jesu», junto à cruz de Jesus, sua Mãe.

508 Admira a firmeza de Santa Maria: ao pé da Cruz, com a maior dor humana – não há dor como a sua dor –, cheia de fortaleza.

– E pede-lhe dessa firmeza, para que saibas também estar junto da Cruz.

A VIRGEM MARIA

509 Maria, Mestra do sacrifício escondido e silencioso! – Vede-a, quase sempre oculta, colaborando com o Filho: sabe e cala.

510 Vedes com que simplicidade? – «Ecce ancilla!...»* – E o Verbo se fez carne.
– Assim agiram os santos: sem espetáculo. Se houve, foi apesar deles.

511 «Ne timeas, Maria!» – Não temas, Maria!... – Turbou-se a Senhora diante do Arcanjo.
– E depois disto, quererei ainda desprezar esses pormenores de modéstia, que são a salvaguarda da minha pureza?!

512 Ó Mãe, Mãe! Com essa tua palavra – «fiat» – nos tornaste irmãos de Deus e herdeiros da sua glória. – Bendita sejas!

513 Antes, sozinho, não podias... – Agora, recorreste à Senhora, e, com Ela, que fácil!

514 Confia. – Torna. – Invoca Nossa Senhora e serás fiel.

(*) "Eis a escrava" Lc 1, 38 (N. do T.).

515 Sentes que, por momentos, te faltam as forças? – Por que não o dizes à tua Mãe, «consolatrix afflictorum, auxilium christianorum..., Spes nostra, Regina apostolorum»?*

516 Mãe! – Chama-a bem alto, bem alto. – Ela, tua Mãe Santa Maria, te escuta, te vê em perigo talvez, e te oferece, com a graça do seu Filho, o consolo do seu regaço, a ternura das suas carícias. E te encontrarás reconfortado para a nova luta.

(*) "Consoladora dos aflitos, Auxílio dos cristãos..., Esperança nossa, Rainha dos apóstolos" (N. do T.).

A IGREJA

517 «Et unam, sanctam, catholicam et apostolicam Ecclesiam!...» – Compreendo essa tua pausa quando rezas, saboreando: Creio na Igreja, Una, Santa, Católica e Apostólica...

518 Que alegria poder dizer com todas as forças da minha alma: – Amo a minha Mãe, a santa Igreja!

519 Esse grito – «serviam!» – é vontade de "servir" fidelissimamente a Igreja de Deus, mesmo à custa dos bens, da honra e da vida.

520 Católico, Apostólico, Romano! – Gosto de que sejas muito romano. E que tenhas desejos de fazer a tua "romaria", «videre Petrum», para ver Pedro.

521 Que bondade a de Cristo ao deixar à sua Igreja os Sacramentos! – São remédio para cada necessidade.

– Venera-os e fica muito agradecido ao Senhor e à sua Igreja.

522 Deves ter veneração e respeito pela Santa Liturgia da Igreja e por cada uma das suas cerimônias. – Cumpre-as fielmente. – Não vês que nós, os pobrezinhos dos homens, necessitamos que até as coisas mais nobres e grandes entrem pelos sentidos?

523 A Igreja canta – disse alguém – porque falar não seria bastante para a sua oração. – Tu, cristão – e cristão escolhido –, deves aprender a cantar liturgicamente.

524 O único jeito é romper a cantar!, dizia uma alma enamorada, depois de ver as maravilhas que o Senhor operava por seu ministério.

– E eu te repito o conselho: Canta! Que transborde em harmonias o teu agradecido entusiasmo pelo teu Deus.

525 Ser "católico" é amar a Pátria, sem a ninguém deixar que nos exceda nesse amor, e, ao mesmo tempo, ter por meus os ideais nobres de todos os países. Quantas glórias da França são glórias minhas! E igualmente muitos motivos de orgulho de alemães, de italianos, de ingleses..., de americanos e asiáticos e africanos, são também orgulho meu.

– Católico!... Coração grande, espírito aberto.

526 Se não tens suma veneração pelo estado sacerdotal e pelo religioso, não é verdade que amas a Igreja de Deus.

527 Aquela mulher que, em casa de Simão o leproso, em Betânia, unge com rico perfume a cabeça do Mestre, recorda-nos o dever de sermos magnânimos no culto de Deus.

– Todo o luxo, majestade e beleza me parecem pouco.

– E contra os que atacam a riqueza dos vasos sagrados, paramentos e retábulos, ouve-se o louvor de Jesus: «Opus enim bonum operata est in me» – uma boa obra foi a que ela fez comigo.

SANTA MISSA

528 Uma característica muito importante do homem apostólico é amar a Missa.

529 A Missa é comprida, dizes, e eu acrescento: porque o teu amor é curto.

530 Não é estranho que muitos cristãos – pausados e até solenes na vida social (não têm pressa), nas suas pouco ativas atuações profissionais, à mesa e no descanso (também não têm pressa) – se sintam apressados e apressem o Sacerdote na sua ânsia de encurtar, de abreviar o tempo dedicado ao Santíssimo Sacrifício do Altar?

531 "Tratai-mO bem, tratai-mO bem!", dizia, entre lágrimas, um velho Prelado aos novos Sacerdotes que acabava de ordenar.   ▷

– Senhor! Quem me dera ter voz e autoridade para clamar desta maneira ao ouvido e ao coração de muitos cristãos, de muitos!

532 Como chorou, ao pé do altar, aquele jovem e santo Sacerdote – que havia de merecer o martírio –, porque se lembrava de uma alma que se tinha aproximado em pecado mortal a receber Cristo!

– Assim O desagravas tu?

533 Humildade de Jesus: em Belém, em Nazaré, no Calvário... Porém, mais humilhação e mais aniquilamento na Hóstia Santíssima; mais que no estábulo, e que em Nazaré, e que na Cruz.

Por isso, como estou obrigado a amar a Missa! (A "nossa" Missa, Jesus...).

534 Quantos anos comungando diariamente! – Qualquer outro seria santo – disseste-me –, e eu, sempre na mesma!

– Meu filho – respondi-te –, continua com a Comunhão diária e pensa: Que seria de mim se não tivesse comungado?

535 Comunhão, união, comunicação, confidência: Palavra, Pão, Amor.

536 Comunga. – Não é falta de respeito. – Comunga, hoje precisamente, que acabas de sair daquele laço.

– Esqueces que Jesus disse: "Não é necessário o médico para os sãos, mas para os enfermos"?

537 Quando te aproximares do Sacrário, pensa que Ele!... faz vinte séculos que te espera.

538 Aí o tens: é Rei dos Reis e Senhor dos Senhores. – Está escondido no Pão.

Humilhou-se até esse extremo por amor de ti.

539 Ficou para ti. – Não é reverência deixar de comungar, se estás bem preparado. – Irreverência é apenas recebê-Lo indignamente.

540 Que fonte de graças é a Comunhão espiritual! – Pratica-a com frequência, e terás mais presença de Deus e mais união com Ele nas obras.

541 Há uma urbanidade da piedade. – Aprende-a. – Dão pena esses homens "piedosos", que não sabem assistir à Missa – ainda que a ouçam diariamente –, nem benzer-se (fazem uns estranhos trejeitos, cheios de precipitação), nem dobrar o joelho diante do Sacrário (suas genuflexões ridículas parecem um escárnio), nem inclinar reverentemente a cabeça diante de uma imagem de Nossa Senhora.

542 Não empregueis no culto imagens produzidas em "série"; prefiro um Cristo de ferro tosco a esses crucifixos de massa repintalgada que parecem feitos de açúcar.

543 Viste-me celebrar a Santa Missa sobre um altar desnudo – mesa e ara –, sem retábulo. O Crucifixo, grande. Os castiçais maciços, com tochas de cera escalonadas: mais altas junto da Cruz. Frontal da cor do dia. Casula ampla. O cálice, severo de linhas, de copa larga e rico. Ausente a luz elétrica, cuja falta não notamos.
– E te custou sair do oratório: estava-se bem ali. Vês como leva a Deus, como aproxima de Deus o rigor da liturgia?

COMUNHÃO DOS SANTOS

544 Comunhão dos Santos. – Como dizer-te? – Sabes o que são as transfusões de sangue para o corpo? Pois assim vem a ser a Comunhão dos Santos para a alma.

545 Vivei entre vós uma particular Comunhão dos Santos. E cada um sentirá, à hora da luta interior, e à hora do trabalho profissional, a alegria e a força de não estar só.

546 Filho, que bem viveste a Comunhão dos Santos quando me escrevias: "Ontem «senti» que o senhor pedia por mim"!

547 Um outro que sabe dessa "comunicação" de bens sobrenaturais, diz-me: "A sua carta me fez muito bem; nota-se que vem impregnada das orações de todos!... E eu preciso muito que rezem por mim".

548 Se sentires a Comunhão dos Santos – se a viveres –, serás de bom grado um homem penitente. – E compreenderás que a penitência é «gaudium, etsi laboriosum» – alegria, embora trabalhosa. E te sentirás "aliado" de todas as almas penitentes que foram, são e serão.

549 Terás mais facilidade em cumprir o teu dever, se pensares na ajuda que te prestam os teus irmãos e na que deixas de prestar-lhes se não és fiel.

550 «Ideo omnia sustineo propter electos» – tudo sofro pelos escolhidos – «ut et ipsi salutem consequantur» – para que eles obtenham a salvação – «quae est in Christo Jesu» – que está em Cristo Jesus.
– Bom modo de viver a Comunhão dos Santos!
– Pede ao Senhor que te dê este espírito de São Paulo.

DEVOÇÕES

551 Fujamos da "rotina" como do próprio demônio. – O grande meio para não cair nesse abismo, sepulcro da verdadeira piedade, é a contínua presença de Deus.

552 As tuas devoções particulares devem ser poucas, mas constantes.

553 Não esqueças as tuas orações de criança, aprendidas talvez dos lábios de tua mãe. – Recita-as todos os dias, com simplicidade, como então.

554 Não abandones a visita ao Santíssimo. – Depois da oração vocal que tenhas por costume, conta a Jesus, realmente presente no Sacrário, as preocupações do dia. – E terás luzes e ânimo para a tua vida de cristão.

555 Verdadeiramente, é amável a Santa Humanidade do nosso Deus! – "Meteste-te" na Chaga santíssima da mão direita do teu Senhor e me perguntaste: "Se uma Ferida de Cristo limpa, cura, tranquiliza, fortalece, inflama e enamora, o que não farão as cinco, abertas no madeiro?"

556 A Via-Sacra. – Esta é que é devoção vigorosa e substancial! Quem dera que te habituasses a repassar esses catorze pontos da Paixão e Morte do Senhor, às sextas-feiras. – Eu te garanto que obterias fortaleza para toda a semana.

557 Devoção de Natal. – Não sorrio quando te vejo fazer as montanhas de musgo do Presépio e dispor as ingênuas figuras de barro em volta da gruta. – Nunca me pareceste mais homem do que agora, que pareces uma criança.

558 O Santo Rosário é arma poderosa. Emprega-a com confiança e te maravilharás do resultado.

559 São José, Pai de Cristo, é também teu Pai e teu Senhor. – Recorre a ele.

560 Nosso Pai e Senhor São José é Mestre da vida interior. – Coloca-te sob o seu patrocínio e sentirás a eficácia do seu poder.

561 De São José diz Santa Teresa, no livro da sua vida: "Quem não achar mestre que lhe ensine a orar, tome este glorioso Santo por mestre, e não errará no caminho". – O conselho vem de uma alma experimentada. Segue-o.

562 Tem confiança com o teu Anjo da Guarda. Trata-o como amigo íntimo – porque de fato o é –, e ele saberá prestar-te mil e um serviços nos assuntos correntes de cada dia.

563 Conquista o Anjo da Guarda daquele que queres trazer para o teu apostolado. – É sempre um grande "cúmplice".

564 Se tivesses presente o teu Anjo da Guarda e os do teu próximo, evitarias muitas tolices que deslizam na tua conversa.

565 Ficas pasmado porque o teu Anjo da Guarda te tem prestado serviços patentes. – E não devias pasmar; para isso o colocou o Senhor junto de ti.

566 Há nesse ambiente muitas ocasiões de te desviares? – De acordo. Mas por acaso não há também Anjos da Guarda?

567 Recorre ao teu Anjo da Guarda na hora da provação, e ele te protegerá contra o demônio e te dará santas inspirações.

568 Com muito gosto deviam cumprir o seu ofício os Santos Anjos da Guarda junto daquela alma que lhes dizia: "Santos Anjos, eu vos invoco, como a Esposa do Cântico dos Cânticos, «ut nuntietis ei quia amore langueo» – para Lhe dizerdes que morro de Amor".

569 Sei que te dou uma alegria copiando para ti esta oração aos Santos Anjos da Guarda dos nossos Sacrários:

"Ó Espíritos Angélicos que guardais os nossos Tabernáculos, onde repousa o tesouro adorável da Sagrada Eucaristia, defendei-a das profanações e conservai-a para o nosso amor".

570 Bebe na fonte límpida dos "Atos dos Apóstolos": no capítulo XII, Pedro, libertado da prisão por intervenção dos Anjos, encaminha-se para a casa da mãe de Marcos. – Não querem acreditar na empregadinha que afirma que Pedro está à porta. «Angelus ejus est!» – deve ser o seu Anjo!, diziam.

– Olha a confiança com que os primeiros cristãos tratavam os seus Anjos.

– E tu?

571 As benditas almas do purgatório. – Por caridade, por justiça e por um egoísmo desculpável – podem tanto diante de Deus! –, lembra-te delas com muita frequência nos teus sacrifícios e na tua oração.

Oxalá possas dizer, ao falar nelas: "Minhas boas amigas, as almas do purgatório..."

572 Perguntas-me por que sempre te recomendo, com tanto empenho, o uso diário da água benta. – Podia dar-te muitas razões. Bastará, com certeza, esta da Santa de Ávila*: "De nenhuma coisa fogem tanto os demônios, para não voltar, como da água benta".

(*) Santa Teresa de Jesus (N. do T.).

573 Obrigado, meu Deus, pelo amor ao Papa que puseste em meu coração.

574 Quem te disse que fazer novenas não é varonil? – Serão varonis essas devoções, sempre que as pratique um varão..., com espírito de oração e penitência.

FÉ

575 Alguns passam pela vida como por um túnel, e não compreendem o esplendor e a segurança e o calor do sol da fé.

576 Com que infame lucidez argui Satanás contra a nossa Fé Católica!

Mas digamos-lhe sempre, sem entrar em discussões: – Eu sou filho da Igreja.

577 Sentes uma fé gigante... – Quem te dá essa fé, dar-te-á os meios.

578 É São Paulo quem te diz, alma de apóstolo: «Justus ex fide vivit» – O justo vive da fé.

– Que fazes, que deixas apagar esse fogo?

579 Fé. – Dá pena ver de que modo tão abundante a têm na boca muitos cristãos, e com que pouca abundância a põem em suas obras.

– Até parece que é virtude para pregar, e não para praticar.

580 Pede humildemente ao Senhor que te aumente a fé. – E depois, com novas luzes, apreciarás bem as diferenças entre as sendas do mundo e o teu caminho de apóstolo.

581 Com que humildade e com que simplicidade narram os evangelistas fatos que manifestam a fé fraca e vacilante dos Apóstolos!

– Para que tu e eu não percamos a esperança de chegar a ter a fé inamovível e forte que depois tiveram aqueles primeiros.

582 Como é bela a nossa Fé Católica! – Dá solução a todas as nossas ansiedades, e aquieta o entendimento, e enche de esperança o coração.

583 Não sou "milagreiro". – Já te disse que me sobram milagres no Santo Evangelho para firmar fortemente a minha fé. – Mas dão-me pena esses cristãos – até piedosos, "apostólicos"! – que sorriem quando ouvem falar de caminhos extraordinários, de fatos sobrenaturais. Sinto desejos de lhes dizer: – Sim, agora também há milagres; nós mesmos os faríamos se tivéssemos fé!

584 Aviva a tua fé. – Não é Cristo uma figura que passou. Não é uma recordação que se perde na história.

Vive! «Jesus Christus heri et hodie: ipse et in saecula!», diz São Paulo. Jesus Cristo ontem e hoje e sempre!

585 «Si habueritis fidem, sicut granum sinapis!» Se tivésseis uma fé do tamanho de um grãozinho de mostarda!...
– Que promessas não encerra esta exclamação do Mestre!

586 Deus é o mesmo de sempre. – O que falta são homens de fé; e renovar-se-ão os prodígios que lemos na Santa Escritura.

– «Ecce non est abbreviata manus Domini». – O braço de Deus, o seu poder, não encolheu!

587 Não têm fé. – Mas têm superstições. Deu-nos riso e vergonha aquele homem importante que perdia a tranquilidade quando ouvia determinada palavra, em si indiferente e inofensiva – para ele de mau agouro –, ou quando via a cadeira girar sobre uma perna.

588 «Omnia possibilia sunt credenti». – Tudo é possível para quem crê. – São palavras de Cristo.
– Que fazes, que não Lhe dizes com os Apóstolos: «Adauge nobis fidem!», aumenta-me a fé!?

HUMILDADE

589 Quando ouvires os aplausos do triunfo, que ressoem também aos teus ouvidos os risos que provocaste com os teus fracassos.

590 Não queiras ser como aquele cata-vento dourado do grande edifício; por muito que brilhe e por mais alto que esteja, não conta para a solidez da obra.

— Oxalá sejas como um velho silhar oculto nos alicerces, debaixo da terra, onde ninguém te veja; por ti não desabará a casa.

591 Quanto mais me exaltarem, meu Jesus, humilha-me mais em meu coração, fazendo-me saber o que tenho sido e o que serei, se Tu me abandonares.

592 Não esqueças que és... a lata do lixo. – Por isso, se porventura o Jardineiro divino lança mão de ti, e te esfrega e te limpa... e te enche de magníficas flores..., nem o aroma nem a cor que embelezam a tua fealdade devem envaidecer-te.

– Humilha-te; não sabes que és o caixote do lixo?

593 Quando te vires como és, há de parecer-te natural que te desprezem.

594 Não és humilde quando te humilhas, mas quando te humilham e o aceitas por Cristo.

595 Se te conhecesses, alegrar-te-ias com o desprezo, e choraria teu coração ante a exaltação e o louvor.

596 Não te aflijas por verem as tuas faltas. A ofensa a Deus e a desedificação que podes ocasionar, isso é o que te deve afligir.

– De resto, que saibam como és e te desprezem. – Não tenhas pena de ser nada, porque assim Jesus tem que pôr tudo em ti.

597 Se agisses de acordo com os impulsos que sentes em teu coração e os que a razão te dita, estarias continuamente com a boca por terra, em prostração, como um verme sujo, feio e desprezível... diante desse Deus! que tanto te vai suportando.

598 Como é grande o valor da humildade! – «Quia respexit humilitatem...» Acima da fé, da caridade, da pureza imaculada, reza o hino jubiloso de nossa Mãe em casa de Zacarias:

"Porque Ele olhou a humildade da sua serva, eis que desde agora me chamarão bem-aventurada todas as gerações..."

599 És pó sujo e caído. – Ainda que o sopro do Espírito Santo te levante sobre todas as coisas da terra e faça que brilhe como ouro, ao refletires nas alturas, com a tua miséria, os raios soberanos do Sol da Justiça, não esqueças a pobreza da tua condição.

Um instante de soberba te faria voltar ao chão, e deixarias de ser luz para ser lodo.

600 Tu?... Soberba? – De quê?

601 Soberba? – Por quê?... Dentro de pouco tempo – anos, dias –, serás um monte de podridão hedionda: vermes, humores fétidos, trapos sujos da mortalha..., e ninguém na terra se lembrará de ti.

602 Tu, sábio, afamado, eloquente, poderoso: se não fores humilde, nada vales.

– Corta, arranca esse "eu" que tens em grau superlativo – Deus te ajudará –, e então poderás começar a trabalhar por Cristo, no último lugar do seu exército de apóstolos.

603 Essa falsa humildade é comodismo; assim, tão "humildezinho", vais abrindo mão de direitos... que são deveres.

604 Reconhece humildemente a tua fraqueza, para poderes dizer com o Apóstolo: «Cum enim infirmor, tunc potens sum» – porque, quando sou fraco, então sou forte.

605 Padre: como pode suportar todo este lixo?, disseste-me, depois de uma confissão contrita.

– Calei-me, pensando que, se a tua humildade te leva a sentir-te assim – como lixo, um montão de lixo! –, ainda poderemos fazer algo de grande de toda a tua miséria.

606 Olha como é humilde o nosso Jesus: um burrico foi o seu trono em Jerusalém!...

607 A humildade é outro bom caminho para chegar à paz interior. – Foi "Ele" que o disse: "Aprendei de mim, que sou manso e humilde de coração..., e encontrareis paz para as vossas almas".

608 Não é falta de humildade conheceres o progresso da tua alma. – Assim podes agradecê-lo a Deus.

– Mas não te esqueças de que és um pobrezinho, que veste um bom terno... emprestado.

609 O conhecimento próprio leva-nos como que pela mão à humildade.

610 A tua firmeza em defender o espírito e as normas do apostolado em que trabalhas não deve fraquejar por falsa humildade. – Essa firmeza não é soberba; é a virtude cardeal da fortaleza.

611 Foi por soberba: já te ias julgando capaz de tudo, tu sozinho. – O Senhor te largou por um instante, e caíste de cabeça. – Sê humilde, e o seu apoio extraordinário não te há de faltar.

612 Bem podias repelir esses pensamentos de orgulho; afinal, és como o pincel nas mãos do artista. – E nada mais.

– Diz-me para que serve um pincel, se não deixa trabalhar o pintor.

613 Para que sejas humilde, tu, tão vazio e tão satisfeito de ti mesmo, basta-te considerar aquelas palavras de Isaías: és "gota de água ou de orvalho que cai na terra e mal se deixa ver".

OBEDIÊNCIA

614 Nos trabalhos de apostolado, não há desobediência pequena.

615 Tempera a tua vontade, viriliza a tua vontade; que seja, com a graça de Deus, como um esporão de aço.
— Só tendo uma vontade forte, saberás não tê-la para obedecer.

616 Por essa demora, por essa passividade, por essa tua resistência em obedecer, como se ressente o apostolado e como se alegra o inimigo!

617 Obedecei, como nas mãos do artista obedece um instrumento — que não se detém a considerar por que faz isto ou aquilo —, certos de que

nunca vos mandarão coisa que não seja boa e para toda a glória de Deus.

618 O inimigo: – Vais obedecer... até nesse pormenor "ridículo"? – Tu, com a graça de Deus: – Vou obedecer... até nesse pormenor "heroico".

619 Iniciativas. – Toma-as, no teu apostolado, dentro dos limites do mandato que te outorgarem.

– Se saem desses limites ou tens dúvidas, consulta o superior, sem comunicares a ninguém os teus pensamentos.

– Nunca te esqueças de que és apenas um executor.

620 Se a obediência não te dá paz, é que és soberbo.

621 Que pena se quem manda não te dá exemplo!... – Mas porventura lhe obedeces pelas suas condições pessoais?... Ou será que, para tua comodidade, traduzes o «obedite praepositis vestris» – obedecei aos vossos superiores – de São Paulo, com uma interpolação tua que venha a significar... sempre que o superior tenha virtudes ao meu gosto?

OBEDIÊNCIA

622 Que bem entendeste a obediência quando me escrevias: "Obedecer sempre é ser mártir sem morrer"!

623 Mandam-te fazer uma coisa que julgas estéril e difícil. – Faze-a. – E verás que é fácil e fecunda.

624 Hierarquia. – Cada peça no seu lugar. – Que ficaria de um quadro de Velázquez se cada cor saísse do seu lugar, se cada fio da tela se soltasse, se cada pedaço de madeira do bastidor se separasse dos outros?

625 A tua obediência não merece esse nome se não estás decidido a jogar por terra o teu trabalho pessoal mais florescente, quando quem de direito assim o dispuser.

626 Não é verdade, Senhor, que Te dava grande consolação a "sutileza" daquele homenzarrão com alma de criança que, ao sentir o desconcerto que produz obedecer em coisas desagradáveis e em si repugnantes, Te dizia baixinho: "Jesus, que eu faça boa cara"?

627 A tua obediência deve ser muda. Essa língua!

628 Agora que te custa obedecer, lembra-te do teu Senhor, «factus obediens usque ad mortem, mortem autem crucis» – obediente até à morte, e morte de cruz!

629 Que poder o da obediência! – O lago de Genesaré negava os seus peixes às redes de Pedro. Toda uma noite em vão.

– Agora, obediente, tornou a lançar a rede à água e pescaram «piscium multitudinem copiosam» – uma grande quantidade de peixes.

– Acredita: o milagre repete-se todos os dias.

POBREZA

630 Não o esqueças: tem mais aquele que precisa de menos. – Não cries necessidades.

631 Desapega-te dos bens do mundo. – Ama e pratica o espírito de pobreza. Contenta-te com o que basta para passar a vida sóbria e temperadamente.

– Senão, nunca serás apóstolo.

632 Não consiste a verdadeira pobreza em não ter, mas em estar desprendido, em renunciar voluntariamente ao domínio sobre as coisas.

– Por isso há pobres que realmente são ricos. E vice-versa.

633 Se és homem de Deus, põe em desprezar as riquezas o mesmo empenho que põem os homens do mundo em possuí-las.

634 Tanta afeição às coisas da terra! – Bem cedo te fugirão das mãos, que não descem com o rico ao sepulcro as suas riquezas.

635 Não tens espírito de pobreza se, podendo escolher de modo que a escolha passe despercebida, não escolhes para ti o pior.

636 «Divitiae, si affluant, nolite cor apponere» – Se vierem às tuas mãos as riquezas, não queiras pôr nelas o teu coração – Anima-te a empregá-las generosamente. E, se for preciso, heroicamente.
– Sê pobre em espírito!

637 Não amas a pobreza se não amas o que a pobreza traz consigo.

638 Quantos recursos santos não tem a pobreza! – Lembras-te? Tu lhe deste, em horas de apuro econômico para aquele seu empreendimento apostólico, até o último centavo de que dispunhas.

— E ele, Sacerdote de Deus, te disse: "Eu te darei também tudo o que tenho". — Tu, de joelhos. — E... "a bênção de Deus Onipotente, Pai, Filho e Espírito Santo, desça sobre ti e permaneça para sempre", ouviu-se.

— Ainda te dura a persuasão de que foste bem pago.

DISCRIÇÃO

639 De calar não te arrependerás nunca; de falar, muitas vezes.

640 Como te atreves a recomendar que guardem segredo..., se essa advertência é sinal de que tu não o soubeste guardar?

641 Discrição não é mistério nem segredo. É, simplesmente, naturalidade.

642 Discrição é... delicadeza. – Não sentes certa inquietação, um mal-estar íntimo, quando os assuntos – nobres e correntes – da tua família saem do calor do lar para a indiferença ou para a curiosidade da praça pública?

643 Não exibas facilmente a intimidade do teu apostolado. Não vês que o mundo está cheio de incompreensões egoístas?

644 Cala-te. Não esqueças que o teu ideal é como uma luzinha recém-acesa. – Pode bastar um sopro para apagá-la em teu coração.

645 Como é fecundo o silêncio! – Todas as energias que perdes, com as tuas faltas de discrição, são energias que subtrais à eficácia do teu trabalho.

– Sê discreto.

646 Se fosses mais discreto, não te lamentarias interiormente desse mau sabor na boca que te faz sofrer depois de muitas das tuas conversas.

647 Não pretendas que te "compreendam". – Essa incompreensão é providencial: para que o teu sacrifício passe despercebido.

648 Se te calares, conseguirás mais eficácia em teus empreendimentos apostólicos – a quantos não lhes foge "a força" pela boca! – e evitarás muitos perigos de vanglória.

649 Sempre o espetáculo! – Vens pedir-me fotografias, gráficos, estatísticas.

– Não te envio esse material, porque (parece-me muito respeitável a opinião contrária) depois havia de pensar que trabalho para me empoleirar na terra..., e onde eu quero empoleirar-me é no Céu.

650 Há muita gente – santa – que não entende o teu caminho. – Não te empenhes em fazer que o compreendam; perderás o tempo e darás lugar a indiscrições.

651 "Não se pode ser raiz e copa, se não se é seiva, espírito, coisa que vai por dentro".

– Aquele teu amigo que escreveu estas palavras sabia que eras nobremente ambicioso. – E te ensinou o caminho: a discrição, o sacrifício, ir por dentro!

652 Discrição, virtude de poucos. – Quem caluniou a mulher dizendo que a discrição não é virtude de mulheres?

– Quantos homens bem barbados têm que aprender!

653 Que exemplo de discrição nos dá a Mãe de Deus! Nem a São José comunica o mistério.
– Pede à Senhora a discrição que te falta.

654 O despeito afiou a tua língua. Cala-te!

655 Nunca te encarecerei suficientemente a importância da discrição.
– Se não é o gume da tua arma de combate, dir-te-ei que é a empunhadura.

656 Cala-te sempre que sintas dentro de ti o referver da indignação. – Ainda que estejas justissimamente irado.
– Porque, apesar da tua discrição, nesses instantes sempre dizes mais do que quererias dizer.

ALEGRIA

657 A verdadeira virtude não é triste nem antipática, mas amavelmente alegre.

658 Se as coisas correm bem, alegremo-nos, bendizendo a Deus que dá o incremento. – Correm mal? – Alegremo-nos, bendizendo a Deus que nos faz participar da sua doce Cruz.

659 A alegria que deves ter não é essa que poderíamos chamar fisiológica, de animal são, mas uma outra, sobrenatural, que procede de abandonar tudo e te abandonares a ti mesmo nos braços amorosos do nosso Pai-Deus.

660 Nunca desanimes, se és apóstolo. – Não há contradição que não possas superar.
  – Por que estás triste?

661 Caras compridas..., maneiras bruscas..., aspecto ridículo..., ar antipático... Desse jeito esperas animar os outros a seguir Cristo?

662 Não há alegria? – Então pensa: há um obstáculo entre Deus e mim. – Quase sempre acertarás.

663 Para remediar a tua tristeza, pedes-me um conselho. – Vou-te dar uma receita que vem de boa mão – do Apóstolo Tiago:
 – «Tristatur aliquis vestrum?»: Estás triste, meu filho? – «Oret!»: Faz oração! – Experimenta!

664 Não estejas triste. – Tem uma visão mais... "nossa" – mais cristã – das coisas.

665 Quero que estejas sempre contente, porque a alegria é parte integrante do teu caminho.
 – Pede essa mesma alegria sobrenatural para todos.

666 «Laetetur cor quaerentium Dominum» – Alegre-se o coração dos que procuram o Senhor.
 – Luz, para que investigues os motivos da tua tristeza.

OUTRAS VIRTUDES

667 Os atos de Fé, Esperança e Amor são válvulas por onde se expande o fogo das almas que vivem vida de Deus.

668 Faz tudo desinteressadamente, por puro Amor, como se não houvesse prêmio nem castigo. – Mas fomenta em teu coração a gloriosa esperança do Céu.

669 Está bem que sirvas a Deus como um filho, sem paga, generosamente... – Mas não te preocupes se uma vez ou outra pensas no prêmio.

670 Diz Jesus: "E todo aquele que deixar casa ou irmãos ou irmãs ou pai ou mãe ou esposa ou

filhos ou herdades por causa do meu nome, receberá cem vezes mais e possuirá a vida eterna".

— Vê lá se encontras na terra quem pague com tanta generosidade!

671 Jesus... calado. — «Jesus autem tacebat». Por que falas tu? Para te consolares ou para te desculpares?

Cala-te. — Procura a alegria nos desprezos; sempre serão menos do que mereces.

— Porventura podes tu perguntar: «Quid enim mali feci?» — que mal fiz eu?

672 Podes ter a certeza de que és homem de Deus se aceitas com alegria e silêncio a injustiça.

673 Bela resposta a que deu aquele homem venerável ao jovem moço que se queixava da injustiça sofrida:

— "Isso te aborrece?", dizia-lhe. "Então, não queiras ser bom!..."

674 Nunca dês o teu parecer se não te pedem, mesmo que penses que a tua opinião é a mais acertada.

675 É verdade que foi pecador. – Mas não faças dele esse juízo inabalável. – Vê se tens entranhas de piedade, e não te esqueças de que ainda pode vir a ser um Agostinho, enquanto tu não passas de um medíocre.

676 Todas as coisas deste mundo não são mais do que terra. – Amontoa-as debaixo dos teus pés, e estarás mais perto do Céu.

677 Ouro, prata, joias..., terra, montões de esterco. – Gozos, prazeres sensuais, satisfação dos apetites..., como uma besta, como um mulo, como um porco, como um galo, como um touro.

Honras, distinções, títulos..., balões de ar, inchaços de soberba, mentiras, nada.

678 Não tenhas os teus amores aqui em baixo. – São amores egoístas... Os que amas hão de afastar-se de ti, com medo e nojo, poucas horas depois de te chamar Deus à sua presença. – Outros são os amores que perduram.

679 A gula é um vício feio. – Não te dá um pouquinho de riso e outro pouquinho de náusea ver esses senhores graves, sentados à volta da mesa, sérios, com ares de rito, metendo gorduras no tubo digestivo, como se aquilo fosse "um fim"?

680 À mesa, não fales de comida; isso é uma grosseria, imprópria de ti. – Fala de coisas nobres – da alma ou do entendimento –, e terás enaltecido esse dever.

681 No dia em que te levantares da mesa sem teres feito uma pequena mortificação, comeste como um pagão.

682 Habitualmente, comes mais do que precisas. – E essa fartura, que muitas vezes te produz lassidão e mal-estar físico, torna-te incapaz de saborear os bens sobrenaturais e entorpece o teu entendimento.

Que boa virtude, mesmo para a terra, é a temperança!

683 Vejo-te, cavalheiro cristão (dizes que o és), beijando uma imagem, mascando entre dentes uma oração vocal, clamando contra os que atacam a Igreja de Deus..., e até frequentando os Santos Sacramentos.

Mas não te vejo fazer um sacrifício, nem prescindir de certas conversas... mundanas (podia, com razão, aplicar-lhes outro qualificativo), nem ser generoso com os inferiores... – nem com a Igreja de Cristo! –, nem suportar uma fraqueza do teu irmão, nem abater a tua soberba pelo bem comum, nem desfazer-te do teu forte invólucro de egoísmo, nem... tantas coisas mais!

Vejo-te... Não te vejo... – E tu... dizes que és cavalheiro cristão? – Que pobre conceito fazes de Cristo!

684 O teu talento, a tua simpatia, as tuas condições... perdem-se; não te deixam aproveitá-los. – Pensa bem nestas palavras de um autor espiritual: "Não se perde o incenso que se oferece a Deus. – Mais se honra o Senhor com o abatimento dos teus talentos do que com o seu uso vão".

TRIBULAÇÕES

685 O vendaval da perseguição é bom. – O que é que se perde?... Não se perde o que está perdido.

Quando não se arranca a árvore pela raiz – e a árvore da Igreja, não há vento nem furacão que a possam arrancar –, apenas caem os ramos secos... E esses, bom é que caiam.

686 De acordo: essa pessoa tem sido má contigo. – Mas não tens sido tu pior com Deus?

687 Jesus: por onde quer que tenhas passado, não ficou um coração indiferente. – Ou Te amam ou Te odeiam.

Quando um homem-apóstolo Te segue, cumprindo o seu dever, poderá surpreender-me – se é outro Cristo! – que levante parecidos murmúrios de aversão ou de afeto?

688 Outra vez!... Falaram, escreveram..., a favor, contra...; com boa e com menos boa vontade...; reticências e calúnias, panegíricos e exaltações..., sandices e verdades...

– Bobo! Grandessíssimo bobo! Se vais direito ao teu fim, com a cabeça e o coração bêbados de Deus, que te importa a ti o clamor do vento ou o cantar da cigarra, ou o mugido, ou o grunhido, ou o relincho?...

Além disso... é inevitável; não pretendas tapar o sol com a peneira.

689 Soltaram-se as línguas e sofreste desfeitas que te feriram mais porque não as esperavas.

A tua reação sobrenatural deve ser a de perdoar – e mesmo pedir perdão – e aproveitar a experiência para desapegar-te das criaturas.

690 Quando vier o sofrimento, o desprezo..., a Cruz, deves considerar: – Que é isto, comparado com o que eu mereço?

691 Estás sofrendo uma grande tribulação? Tens contrariedades? – Diz, muito devagar, como que saboreando, esta oração forte e viril:

"Faça-se, cumpra-se, seja louvada e eternamente glorificada a justíssima e amabilíssima Vontade de Deus sobre todas as coisas. – Assim seja. – Assim seja".

Eu te garanto que alcançarás a paz.

692 Sofres nesta vida de cá..., que é um sonho... breve. – Alegra-te, porque teu Pai-Deus te ama muito e, se não levantares obstáculos, após este sonho ruim, te dará um bom despertar.

693 Dói-te que não te agradeçam aquele favor. – Responde-me a estas duas perguntas:

– És tu assim agradecido com Jesus Cristo? – Foste capaz de fazer esse favor, procurando o agradecimento na terra?

694 Não sei por que te assustas. – Sempre foram pouco razoáveis os inimigos de Cristo.

Ressuscitado Lázaro, deveriam render-se e confessar a divindade de Jesus. – Mas não! Matemos Aquele que dá a vida!, disseram.

E hoje como ontem.

695 Nas horas de luta e contradição, quando talvez "os bons" encham de obstáculos o teu cami-

nho, levanta o teu coração de apóstolo; ouve Jesus que fala do grão de mostarda e do fermento. – E diz-Lhe: «Edissere nobis parabolam» – explica-me a parábola.

E sentirás a alegria de contemplar a vitória futura: aves do céu à sombra do teu apostolado, agora incipiente; e toda a massa fermentada.

696 Se recebes a tribulação de ânimo encolhido, perdes a alegria e a paz, e te expões a não tirar proveito espiritual desse transe.

697 Os acontecimentos públicos levaram-te a um encerramento voluntário, pior talvez, pelas suas circunstâncias, do que o encerramento numa prisão. – Sofreste um eclipse da tua personalidade. Não encontras ambiente; só egoísmo, curiosidade, incompreensões e murmuração.

– Está certo. E daí? Esqueces a tua vontade libérrima e o teu poder de "criança"? – A falta de folhas e de flores (de ação externa) não exclui a multiplicação e a atividade das raízes (vida interior).

Trabalha; há de mudar o rumo das coisas, e darás mais frutos do que antes, e mais saborosos.

698 Ralham contigo? – Não te zangues, como te aconselha a soberba. – Pensa: que caridade têm comigo! Quanto não terão calado!

699 Cruz, trabalhos, tribulações: tê-los-ás enquanto viveres. – Por esse caminho foi Cristo, e não é o discípulo mais que o Mestre.

700 Certo: há muita luta de fora, e isso te desculpa, em parte. – Mas também há cumplicidade dentro – repara devagar –, e aí não vejo desculpa.

701 Não ouviste dos lábios do Mestre a parábola da videira e dos ramos? – Consola-te. Ele exige muito de ti porque és ramo que dá fruto... E te poda, «ut fructum plus afferas» – para que dês mais fruto.

É claro!: dói esse cortar, esse arrancar. Mas, depois, que louçania nos frutos, que maturidade nas obras!

702 Estás intranquilo. – Olha: aconteça o que acontecer na tua vida interior ou no mundo que te rodeia, nunca esqueças que a importância dos acontecimentos ou das pessoas é muito relativa.

– Calma! Deixa correr o tempo; e, depois,

olhando de longe e sem paixão os fatos e as pessoas, adquirirás a perspectiva, porás cada coisa no seu lugar e de acordo com o seu verdadeiro tamanho.

Se assim fizeres, serás mais justo e evitarás muitas preocupações.

703 Uma noite ruim, numa ruim pousada. – Assim dizem que definiu esta vida terrena a Madre Teresa de Jesus. É uma comparação certeira, não é mesmo?

704 Uma visita ao famoso mosteiro. – Aquela senhora estrangeira sentiu apiedar-se o coração, ao considerar a pobreza do edifício: "Os senhores devem ter uma vida muito dura, não é?" E o monge, satisfeito, limitou-se a responder: «Tú lo quisiste, fraile mostén; tú lo quisiste, tú te lo ten»*.

Isto, que com tanta alegria me dizia esse santo varão, tenho de o repetir a ti com pena, quando me contas que não és feliz.

(*) Provérbio espanhol que, em língua portuguesa, corresponde ao ditado: "Assim o queres, assim o tens" ou "Quem corre por gosto não se cansa" (N. do T.).

705 Inquietar-se? – Nunca! Porque é perder a paz.

706 Abatimento físico. Estás... arrasado. – Descansa. Para com essa atividade exterior. – Consulta o médico. Obedece e despreocupa-te.

Em breve regressarás à tua vida e melhorarás, se fores fiel, os teus trabalhos de apostolado.

LUTA INTERIOR

707 Não te perturbes se, ao considerar as maravilhas do mundo sobrenatural, sentes a outra voz – íntima, insinuante – do "homem velho".

É "o corpo de morte" que clama por seus foros perdidos... Basta-te a graça; sê fiel e vencerás.

708 O mundo, o demônio e a carne são uns aventureiros que, aproveitando-se da fraqueza do selvagem que trazes dentro de ti, querem que, em troca do fictício brilho de um prazer – que nada vale –, lhes entregues o ouro fino e as pérolas e os brilhantes e os rubis embebidos no sangue vivo e redentor do teu Deus, que são o preço e o tesouro da tua eternidade.

709 Estás ouvindo? – Em outro estado, em outro lugar, em outro grau e ofício farias um bem muito maior. – Para fazer o que estás fazendo, não é preciso talento!

Pois eu te digo: – Onde te puseram agradas a Deus..., e isso que andavas pensando é claramente uma sugestão infernal.

710 Ficas apoquentado e triste porque as tuas Comunhões são frias, cheias de aridez. – Quando vais ao Sacramento, diz-me uma coisa: procuras-te a ti ou procuras Jesus? – Se te procuras a ti, motivo tens para entristecer-te... Mas se – como deves – procuras Cristo, queres sinal mais certo do que a Cruz para saber que O encontraste?

711 Outra queda..., e que queda!... Vais desesperar-te? Não: humilhar-te e recorrer, por Maria, tua Mãe, ao Amor Misericordioso de Jesus. – Um «miserere» e... coração ao alto! – Vamos!, começa de novo.

712 Bem fundo caíste! – Começa os alicerces daí de baixo. – Sê humilde. – «Cor contritum et humiliatum, Deus, non despicies». – Não desprezará Deus um coração contrito e humilhado.

713 Tu não vais contra Deus. – As tuas quedas são de fragilidade. – De acordo. Mas são tão frequentes essas fragilidades (não sabes evitá-las), que, se não queres que te tenha por mau, me verei obrigado a ter-te por mau e por tolo.

714 Um querer sem querer é o teu, enquanto não afastares decididamente a ocasião. – Não queiras iludir-te dizendo-me que és fraco. És... covarde, o que não é o mesmo.

715 Essa trepidação do teu espírito, a tentação que te envolve, é como uma venda sobre os olhos da tua alma.

Estás às escuras. – Não te empenhes em andar só, porque, sozinho, cairás. – Vai ter com o teu Diretor – com o teu superior –, e ele te fará ouvir aquelas palavras do Arcanjo Rafael a Tobias:

«Forti animo esto, in proximo est ut a Deo cureris». – Tem coragem, que em breve te curará Deus.

– Sê obediente, e cairão as escamas, cairá a

venda dos teus olhos, e Deus te encherá de graça e de paz.

716 "Não sei vencer-me!", escreves-me com desalento. – E te respondo: Mas já tentaste, por acaso, empregar os meios?

717 Bem-aventuradas desventuras da terra! – Pobreza, lágrimas, ódios, injustiça, desonra... Tudo poderás nAquele que te confortará.

718 Sofres... e não quererias queixar-te. – Não faz mal que te queixes (é a reação natural da nossa pobre carne), enquanto a tua vontade quiser em ti, agora e sempre, o que Deus quer.

719 Nunca desesperes. Morto e corrompido estava Lázaro: «Jam foetet, quatriduanus est enim» – já fede, porque há quatro dias que está enterrado, diz Marta a Jesus.

Se ouvires a inspiração de Deus e a seguires («Lazare, veni foras!» – Lázaro, vem para fora!), voltarás à Vida.

720 Como custa! – Já sei. Mas, para a frente! Só será premiado – e que prêmio! – aquele que pelejar com bravura.

721 Se cambaleia o teu edifício espiritual, se tens a impressão de que tudo está no ar..., apoia-te na confiança filial em Jesus e em Maria, pedra firme e segura sobre a qual devias ter edificado desde o princípio.

722 A provação desta vez é longa. – Talvez – e mesmo sem "talvez" – não a tenhas aceitado bem até agora... porque ainda procuravas consolos humanos. – E teu Pai-Deus os arrancou pela raiz, para que não tenhas outro arrimo fora dEle.

723 Dizes que para ti tudo é indiferente? – Não queiras iludir-te. Agora mesmo, se eu te perguntasse por pessoas e por atividades em que por Deus empenhaste a tua alma, sei que me responderias – briosamente! – com o interesse de quem fala de coisa própria.

Não, para ti não é tudo indiferente. É que não és incansável..., e necessitas de mais tempo para ti; tempo que será também para as tuas obras, porque, no fim das contas, tu és o instrumento.

724 Vens dizer-me que tens no teu peito fogo e água, frio e calor, paixõezinhas e Deus..., uma vela acesa a São Miguel e outra ao diabo. ▷

Sossega; enquanto quiseres lutar, não haverá duas velas acesas no teu peito, mas uma só, a do Arcanjo.

725 O inimigo quase sempre procede assim com as almas que lhe vão resistir; hipocritamente, suavemente: motivos... espirituais!, não chamar a atenção... – E depois, quando parece não haver remédio (que há), descaradamente..., para ver se consegue um desespero como o de Judas, sem arrependimento.

726 Ao perderes aqueles consolos humanos, ficaste com uma sensação de solidão, como que suspenso por um fiozinho sobre o vazio de negro abismo. – E teu clamor, teus gritos de socorro, parece que ninguém os escuta.

É bem merecido esse desamparo. – Sê humilde. Não te procures a ti nem procures a tua comodidade; ama a Cruz – suportá-la é pouco – e o Senhor ouvirá a tua oração. – E hão de acalmar-se os teus sentidos. – E voltará a cicatrizar o teu coração. – E terás paz.

727 Em carne viva. – É assim que te encontras. Tudo te faz sofrer nas potências da alma e nos sentidos. E tudo para ti é tentação...

Sê humilde, insisto. Verás como te tiram depressa desse estado. E a dor se transformará em alegria; e a tentação, em segura firmeza.

Mas, entretanto, aviva a tua fé; enche-te de esperança; e faz contínuos atos de Amor, embora penses que são só da boca para fora.

728 Toda a nossa fortaleza é emprestada.

729 Ó meu Deus: cada dia me sinto menos seguro de mim e mais seguro de Ti!

730 Se não O abandonas, Ele não te abandonará.

731 Espera tudo de Jesus; tu nada tens, nada vales, nada podes. – Ele agirá, se nEle te abandonares.

732 Ó Jesus! – Descanso em Ti.

733 Confia sempre no teu Deus. – Ele não perde batalhas.

NOVÍSSIMOS

734 "Esta é a vossa hora, e o poder das trevas". – Quer dizer que... o homem pecador tem a sua hora? – Tem, sim... E Deus, a sua eternidade!

735 Se és apóstolo, a morte será para ti uma boa amiga que te facilita o caminho.

736 Já viste, numa tarde triste de outono, caírem as folhas mortas? Assim caem todos os dias as almas na eternidade. Um dia, a folha caída serás tu.

737 Não tens ouvido com que tom de tristeza se lamentam os mundanos de que "cada dia que passa é morrer um pouco"?

Pois eu te digo: – Alegra-te, alma de apóstolo, porque cada dia que passa te aproxima da Vida.

738 Aos "outros", a morte os paralisa e assusta. A nós, a morte – a Vida – dá-nos coragem e impulso.

Para eles, é o fim; para nós, o princípio.

739 Não tenhas medo da morte. – Aceita-a desde agora, generosamente..., quando Deus quiser..., como Deus quiser..., onde Deus quiser.

– Não duvides; virá no tempo, no lugar e do modo que mais convier..., enviada por teu Pai-Deus. – Bem-vinda seja a nossa irmã, a morte!

740 Que peça do mundo se desengonçará se eu faltar, se morrer?

741 Vês como se desfaz materialmente, em humores pestilentos, o cadáver da pessoa amada?

– Pois isso é um corpo formoso! – Contempla-o e tira conclusões.

742 Aqueles quadros de Valdés Leal*, com tantos "restos" ilustres – bispos, cavaleiros – em

---

(*) Pintor espanhol do séc. XVII, famoso pelos seus quadros sobre a morte (N. do T.).

viva podridão, parece-me impossível que não te impressionem.

Mas... e o gemido do duque de Gandia*: "Não mais servir a senhor que me possa morrer"?

743 Falas-me em morrer "heroicamente". – Não achas que é mais "heroico" morrer despercebido, numa boa cama, como um burguês..., mas de mal de Amor?

744 Tu – se és apóstolo – não hás de morrer. – Mudarás de casa, e é só.

745 "Há de vir julgar os vivos e os mortos", rezamos no Credo. – Oxalá não percas de vista esse julgamento e essa justiça e... esse Juiz.

746 Será que não brilha na tua alma o desejo de que teu Pai-Deus fique contente quando tiver que julgar-te?

747 Há uma grande propensão nas almas mundanas para recordar a Misericórdia do Senhor. – E assim se animam a continuar em seus desvarios.

▷

(*) Futuro São Francisco de Borja (N. do T.).

É verdade que Deus Nosso Senhor é infinitamente misericordioso, mas também é infinitamente justo. E há um julgamento, e Ele é o Juiz.

748 Anima-te. – Não sabes que São Paulo diz aos de Corinto que "cada um receberá o seu próprio salário na medida do seu trabalho"?

749 Há inferno. – Uma afirmação que para ti é sem dúvida um lugar-comum. – Vou-te repetir: há inferno!

Vê se me serves de eco, oportunamente, ao ouvido daquele companheiro... e daquele outro.

750 Escuta-me bem, homem metido na ciência até a ponta dos cabelos: a tua ciência não me pode negar a verdade das atividades diabólicas. Durante muitos anos – e ainda hoje é uma louvável devoção privada –, minha Mãe, a Santa Igreja, fez que os Sacerdotes ao pé do altar invocassem todos os dias São Miguel, "contra nequitiam et insidias diaboli", contra a maldade e ciladas do inimigo.

751 O Céu. "Nem olho algum viu, nem ouvido algum ouviu, nem jamais passou pela cabeça do homem o que Deus preparou para os que O amam".

Não te incitam à luta estas revelações do Apóstolo?

752 Sempre. – Para sempre! – Palavras muito manuseadas pelo esforço humano de prolongar – de eternizar – o que é gostoso.

Palavras mentirosas, na terra, onde tudo se acaba.

753 Isto daqui é um contínuo acabar-se; ainda não começou o prazer, e já termina.

A VONTADE DE DEUS

754 Esta é a chave para abrir a porta e entrar no Reino dos Céus: «Qui facit voluntatem Patris mei qui in coelis est, ipse intrabit in regnum coelorum» – quem faz a vontade de meu Pai..., esse entrará!

755 De que tu e eu nos portemos como Deus quer – não o esqueças – dependem muitas coisas grandes.

756 Nós somos pedras, silhares, que se movem, que sentem, que têm uma libérrima vontade.

O próprio Deus é o canteiro que nos tira as arestas, arranjando-nos, modificando-nos, conforme deseja, a golpes de martelo e de cinzel.

Não queiramos afastar-nos, não queiramos esquivar-nos à sua Vontade, porque, de qualquer maneira, não poderemos evitar os golpes. – Sofreremos mais e inutilmente, e, em lugar de pedra polida e apta para edificar, seremos um montão informe de cascalho que os homens pisarão com desprezo.

757 Resignação?... Conformidade?... Querer a Vontade de Deus!

758 A aceitação rendida da Vontade de Deus traz necessariamente a alegria e a paz: a felicidade na Cruz. – Então se vê que o jugo de Cristo é suave e que o seu fardo não é pesado.

759 Paz, paz!, dizes-me. – A paz é... para os homens de "boa" vontade.

760 Um raciocínio que conduz à paz e que o Espírito Santo oferece pronto aos que querem a Vontade de Deus: «Dominus regit me, et nihil mihi deerit» – o Senhor é quem me governa; nada me faltará.

Que há que possa inquietar uma alma que repita seriamente essas palavras?

761 Homem livre, sujeita-te a uma voluntária servidão, para que Jesus não tenha que dizer por

tua causa aquilo que contam ter dito, a propósito de outros, à Madre Teresa:

"Teresa, Eu quis..., mas os homens não quiseram".

762 Ato de identificação com a Vontade de Deus:

– Tu o queres, Senhor?... Eu também o quero!

763 Não duvides; deixa que suba do coração aos lábios um «fiat» – faça-se!... – que seja o coroamento do sacrifício.

764 Quanto mais perto de Deus está o apóstolo, mais universal se sente; dilata-se o seu coração para que caibam todos e tudo no desejo de pôr o universo aos pés de Jesus.

765 Meu Deus, antes quero a tua Vontade, do que – se fosse possível tal disparate – alcançar o próprio Céu, deixando de cumpri-la.

766 O abandono à Vontade de Deus é o segredo para sermos felizes na terra. – Então, diz: «Meus cibus est, ut faciam voluntatem ejus» – meu alimento é fazer a sua Vontade.

767 Esse abandono é precisamente a condição que te falta para não perderes, daqui em diante, a tua paz.

768 O «gaudium cum pace» – alegria e paz – é fruto certo e saboroso do abandono.

769 O desprendimento não é ter o coração seco..., como Jesus não o teve.

770 Não és menos feliz por te faltar do que serias se te sobrasse.

771 Deus exalta os que cumprem a sua Vontade nas mesmas coisas em que os humilhou.

772 Pergunta a ti mesmo, muitas vezes ao dia: – Estou fazendo neste momento o que devo fazer?

773 Jesus, o que Tu "quiseres"..., eu o amo.

774 Gradação: resignar-se com a Vontade de Deus; conformar-se com a Vontade de Deus; querer a Vontade de Deus; amar a Vontade de Deus.

775 Senhor, se é tua Vontade, faz de minha pobre carne um Crucifixo.

A VONTADE DE DEUS

776 Não caias num círculo vicioso. Tu pensas: – Quando isto se resolver desta ou daquela maneira, então serei muito generoso com o meu Deus.

Não será que Jesus está esperando que sejas generoso sem reservas, para resolver Ele as coisas melhor do que imaginas?

Propósito firme, lógica consequência: em cada instante de cada dia, tratarei de cumprir com generosidade a Vontade de Deus.

777 A tua própria vontade, a tua própria opinião: é isso o que te inquieta.

778 É uma questão de segundos... Pensa antes de começar qualquer trabalho: – Que quer Deus de mim neste assunto?

E, com a graça divina, faze-o!

A GLÓRIA DE DEUS

779 É bom dar glória a Deus sem buscar antecipações – mulher, filhos, honras... – dessa glória de que gozaremos plenamente com Ele na Vida...

Além disso, Ele é generoso... Dá cem por um; e isso é verdade mesmo nos filhos. – Muitos se privam deles pela glória de Deus, e têm milhares de filhos do seu espírito. – Filhos, como nós o somos do nosso Pai que está nos céus.

780 «Deo omnis gloria». – Para Deus toda a glória. – É uma confissão categórica do nosso nada. Ele, Jesus, é tudo. Nós, sem Ele, nada valemos; nada.

A nossa vanglória seria isso precisamente: glória vã. Seria um roubo sacrílego. O "eu" não deve aparecer em parte nenhuma.

781 "Sem Mim nada podeis fazer", disse o Senhor. E disse-o para que tu e eu não consideremos como nossos, êxitos que são dEle. – «Sine me nihil!...»

782 Como te atreves a empregar essa centelha do entendimento divino, que é a tua razão, em outra coisa que não seja dar glória ao teu Senhor?

783 Se a vida não tivesse por fim dar glória a Deus, seria desprezível; mais ainda, detestável.

784 Dá "toda" a glória a Deus. – "Espreme" com a tua vontade, ajudado pela graça, cada uma de tuas ações, para que nelas não fique nada que cheire a humana soberba, a complacência do teu "eu".

785 «Deus meus es tu, et confitebor tibi: Deus meus es tu, et exaltabo te» – Tu és o meu Deus, eu Te confessarei; Tu és o meu Deus, eu Te glorificarei.

– Belo programa..., para um apóstolo da tua têmpera.

786 Nenhum afeto te prenda à terra, fora o desejo diviníssimo de dar glória a Cristo e, por Ele e com Ele e nEle, ao Pai e ao Espírito Santo.

787 Retifica, retifica. – Seria tão pouco engraçado que essa vitória fosse estéril por te haveres guiado por motivos humanos!

788 Pureza de intenção. – As sugestões da soberba e os ímpetos da carne, logo os conheces..., e lutas, e, com a graça, vences.

Mas os motivos que te levam a agir, mesmo nas ações mais santas, não te parecem claros... e sentes uma voz lá dentro que te faz ver intuitos humanos..., com tal sutileza que se infiltra na tua alma a intranquilidade de pensar que não estás trabalhando como deves – por puro Amor, única e exclusivamente para dar a Deus toda a sua glória.

Reage logo, de cada vez, e diz: "Senhor, para mim nada quero. – Tudo para tua glória e por Amor".

789 Não há dúvida de que purificaste bem a tua intenção quando disseste: – Renuncio desde agora a toda a gratidão e recompensa humanas.

PROSELITISMO*

790 Não desejaríeis gritar à juventude que fervilha à vossa volta: – Loucos!, largai essas coisas mundanas que amesquinham o coração... e mui-

---

(*) O termo "proselitismo" deriva de "prosélito", palavra que na Bíblia designa as pessoas procedentes de outros povos, que se preparavam para acolher a fé judaica. A Igreja assumiu esse termo analogicamente: já São Justino (séc. II), por exemplo, falava de "fazer prosélitos" quando se referia à missão apostólica dos cristãos dirigida ao mundo inteiro (cf. Mc 16, 15). Muitos autores espirituais – entre eles, São Josemaria – têm empregado a palavra "proselitismo" nesse sentido, como sinônimo de apostolado ou evangelização: uma tarefa apostólica que, entre outras coisas, se caracteriza por um profundo respeito pela liberdade, em contraste com o sentido negativo que este vocábulo adquiriu nos últimos anos do século XX. Seguindo essa tradição, São Josemaria utiliza aqui a palavra "proselitismo" no sentido da proposta ou convite com que os cristãos desejam compartilhar com seus companheiros e amigos a chamada de Jesus Cristo, e abrem diante deles o horizonte de seu Amor (cfr. *Caminho*, ns. 790, 796) (N. do T.).

tas vezes o aviltam..., largai isso e vinde conosco atrás do Amor?

791 Falta-te "vibração". – Essa é a causa de que arrastes tão poucos. – É como se não estivesses muito persuadido do que ganhas ao deixar por Cristo essas coisas da terra.

Compara: cem por um e a vida eterna! – Parece-te pequeno o "negócio"?

792 «Duc in altum» – Mar adentro! – Repele o pessimismo que te torna covarde. «Et laxate retia vestra in capturam» – e lança as redes para pescar.

Não vês que podes dizer, como Pedro: «In nomine tuo, laxabo rete» – Jesus, em teu nome procurarei almas?

793 Proselitismo. – É o sinal certo do zelo verdadeiro.

794 Semear. – Saiu o semeador... – Semeia a mãos cheias, alma de apóstolo. – O vento da graça arrastará a tua semente, se o sulco onde caiu não for digno... Semeia, e fica certo de que a semente vingará e dará o seu fruto.

795 Com o bom exemplo semeia-se boa semente; e a caridade obriga todos a semear.

796 Pequeno amor é o teu se não sentes zelo pela salvação de todas as almas. – Pobre amor é o teu se não tens ânsias de pegar a tua loucura a outros apóstolos.

797 Sabes que o teu caminho não é claro. – E que não o é porque, não seguindo Jesus de perto, ficas nas trevas. – Que esperas para decidir-te?

798 Razões?... Que razões daria o pobre Inácio ao sábio Xavier?

799 O que a ti te maravilha, a mim parece-me razoável. – Por que foi Deus procurar-te no exercício da tua profissão?

Assim procurou os primeiros: Pedro, André, João e Tiago, junto às redes; Mateus, sentado à mesa dos impostos...

E – admira-te! – Paulo, na sua ânsia de acabar com a semente dos cristãos.

800 A messe é grande e poucos os operários. – «Rogate ergo!» – Rogai, pois, ao Senhor da messe que envie operários ao seu campo.

A oração é o meio mais eficaz de proselitismo.

801 Ainda ressoa no mundo aquele clamor divino: "Vim trazer fogo à terra, e que quero senão que arda?" – E bem vês: quase tudo está apagado...

Não te animas a propagar o incêndio?

802 Quererias atrair ao teu apostolado aquele homem sábio, aquele outro poderoso, e aquele cheio de prudência e virtudes.

Pede por eles, oferece sacrifícios e prepara-os com o teu exemplo e com a tua palavra. – Não vêm! – Não percas a paz; é que não fazem falta.

Julgas que não havia contemporâneos de Pedro, sábios, e poderosos, e prudentes, e virtuosos, fora do apostolado dos primeiros doze?

803 Disseram-me que tens "graça", "jeito", para atrair almas ao teu caminho.

Agradece a Deus esse dom: ser instrumento para procurar instrumentos!

804 Ajuda-me a clamar: Jesus, almas!... Almas de apóstolo! São para Ti, para tua glória.

Verás como acaba por escutar-nos.

805 Escuta: aí... não haverá um... ou dois, que nos entendam bem?

PROSELITISMO

806 Diz, a... esse, que preciso de cinquenta homens que amem a Jesus Cristo sobre todas as coisas.

807 Dizes, desse teu amigo, que frequenta os Sacramentos, que é de vida limpa e bom estudante. – Mas que não "entrosa"; se lhe falas em sacrifício e apostolado, fica triste e vai-se embora.

Não te preocupes. Não é um fracasso do teu zelo; é, à letra, a cena que narra o Evangelista: "Se queres ser perfeito, vai e vende tudo o que tens e dá-o aos pobres" (sacrifício)... "e vem depois e segue-me" (apostolado).

O adolescente «abiit tristis» – também se retirou entristecido; não quis corresponder à graça.

808 "Uma boa notícia; mais um doido..., para o manicômio". – E tudo é alvoroço na carta do "pescador".

Que Deus encha de eficácia as tuas redes!

809 Proselitismo. – Quem é que não tem fome de perpetuar o seu apostolado?

810 Essas ânsias de proselitismo, que te roem as entranhas, são sinal certo da tua entrega.

811 Lembras-te? – Fazíamos tu e eu a nossa oração, quando caía a tarde. Perto, ouvia-se o rumor da água. – E, na quietude da cidade castelhana, ouvíamos também vozes diferentes que falavam em cem línguas, gritando-nos angustiosamente que ainda não conhecem Cristo.

Beijaste o Crucifixo, sem te recatares, e Lhe pediste que te fizesse apóstolo de apóstolos.

812 Compreendo que ames tanto a tua Pátria e os teus, e que, apesar desses vínculos, aguardes com impaciência o momento de cruzar terras e mares – ir longe! – porque te consome o afã de messe.

PEQUENAS COISAS

813 Fazei tudo por Amor. – Assim não há coisas pequenas: tudo é grande. – A perseverança nas pequenas coisas, por Amor, é heroísmo.

814 Um pequeno ato, feito por Amor, quanto não vale!

815 Queres de verdade ser santo? – Cumpre o pequeno dever de cada momento; faz o que deves e está no que fazes.

816 Erraste o caminho se desprezas as coisas pequenas.

817 A santidade "grande" está em cumprir os "deveres pequenos" de cada instante.

818 As almas grandes têm muito em conta as coisas pequenas.

819 Porque foste «in pauca fidelis» – fiel no pouco –, entra no gozo do teu Senhor. – São palavras de Cristo. – «In pauca fidelis!...» – Será que vais desdenhar agora as pequenas coisas, se se promete a Glória a quem as guarda?

820 Não julgues nada pela pequenez dos começos. Uma vez fizeram-me notar que não se distinguem pelo tamanho as sementes que darão ervas anuais das que vão produzir árvores centenárias.

821 Não esqueças que, na terra, tudo o que é grande começou por ser pequeno. – O que nasce grande é monstruoso e morre.

822 Dizes-me: – Quando se apresentar a ocasião de fazer algo de grande... então, sim! – Será? Pretendes fazer-me acreditar, e acreditar tu seriamente, que poderás vencer na Olimpíada sobrenatural sem a preparação diária, sem treino?

823 Viste como levantaram aquele edifício de grandeza imponente? – Um tijolo, e outro. Milhares. Mas, um a um. – E sacos de cimento, um a um. E blocos de pedra, que são bem pouco ante a mole do conjunto. – E pedaços de ferro. – E operários trabalhando, dia após dia, as mesmas horas...

Viste como levantaram aquele edifício de grandeza imponente?... À força de pequenas coisas!

824 Não tens reparado em que "ninharias" está o amor humano? – Pois também em "ninharias" está o Amor divino.

825 Persevera no cumprimento exato das obrigações de agora. – Esse trabalho – humilde, monótono, pequeno – é oração plasmada em obras que te preparam para receber a graça do outro trabalho – grande, vasto e profundo – com que sonhas.

826 Tudo aquilo em que intervimos os pobrezinhos dos homens – mesmo a santidade – é um tecido de pequenas insignificâncias que – conforme a intenção com que se fazem – podem formar uma tapeçaria esplêndida de heroísmo ou de baixeza, de virtudes ou de pecados. ▷

As gestas relatam sempre aventuras gigantescas, mas misturadas com pormenores caseiros do herói. – Oxalá tenhas sempre em muito apreço – é a linha reta! – as coisas pequenas.

827 Já paraste a considerar a enorme soma que podem vir a dar "muitos poucos"?

828 Foi dura a experiência; não esqueças a lição. – As tuas grandes covardias de agora são – é evidente – paralelas às tuas pequenas covardias diárias.

"Não pudeste" vencer nas coisas grandes, porque "não quiseste" vencer nas coisas pequenas.

829 Não viste os fulgores do olhar de Jesus quando a pobre viúva deixou no templo a sua pequena esmola?

– Dá-Lhe tu o que puderes dar; não está o mérito no pouco nem no muito, mas na vontade com que o deres.

830 Não sejas... bobo. É verdade que fazes o papel – quando muito – de um pequeno parafuso nessa grande empresa de Cristo.

Mas sabes o que significa o parafuso não apertar o suficiente ou saltar fora do seu lugar? Cederão as peças de maior tamanho ou cairão sem dentes as rodas.

Ter-se-á dificultado o trabalho. – Talvez se inutilize toda a maquinaria.

Que grande coisa é ser um pequeno parafuso!

TÁTICA

831 És, entre os teus, alma de apóstolo, a pedra caída no lago. – Provoca, com o teu exemplo e com a tua palavra, um primeiro círculo...; e este, outro... e outro, e outro... Cada vez mais largo.

Compreendes agora a grandeza da tua missão?

832 Que preocupação há no mundo por mudar de lugar! – Que aconteceria se cada osso, se cada músculo do corpo humano quisesse ocupar um posto diferente do que lhe compete?

Não é outra a razão do mal-estar do mundo. – Persevera no teu lugar, meu filho; daí, quanto poderás trabalhar pelo reinado efetivo de Nosso Senhor!

833 Líderes!... Viriliza a tua vontade, para que Deus te faça líder. Não vês como procedem as malditas sociedades secretas? Nunca conquistam as massas. – Em seus antros, formam alguns homens-demônios que se agitam e movimentam as multidões, tresloucando-as, para fazê-las ir atrás deles, ao precipício de todas as desordens... e ao inferno. – Eles levam uma semente amaldiçoada.

– Se tu quiseres..., levarás a palavra de Deus, mil e mil vezes bendita, que não pode falhar. Se fores generoso..., se corresponderes com a tua santificação pessoal, obterás a dos outros: o reinado de Cristo. – «Omnes cum Petro ad Jesum per Mariam»*.

834 Há maior loucura do que lançar aos quatro ventos o trigo dourado na terra, para que apodreça? – Sem essa generosa loucura, não haveria safra.

Filho, como andamos de generosidade?

835 Brilhar como uma estrela?... Ânsia de altura e de luz acesa no céu?

Melhor ainda: queimar como uma tocha, escondido, pegando o teu fogo a tudo o que tocas. Este é o teu apostolado; para isso estás na terra.

(*) "Todos com Pedro a Jesus por Maria" (N. do T.).

836 Servir de alto-falante ao inimigo é uma idiotice soberana; e se o inimigo é inimigo de Deus, é um grande pecado. – Por isso, no terreno profissional, nunca louvarei a ciência de quem se serve dela como cátedra para atacar a Igreja.

837 Galopar, galopar!... Fazer, fazer!... Febre, loucura de mexer-se... Maravilhosos edifícios materiais...

Espiritualmente: tábuas de caixote, percalinas, cartões pintalgados... galopar!, fazer! – E muita gente correndo; ir e vir.

É que trabalham com vistas àquele momento; "estão" sempre "em presente". – Tu... hás de ver as coisas com olhos de eternidade, "tendo em presente" o final e o passado...

Quietude. – Paz. – Vida intensa dentro de ti. Sem galopar, sem a loucura de mudar de lugar, no posto que na vida te corresponde, como um poderoso gerador de eletricidade espiritual, a quantos não darás luz e energia!..., sem perderes o teu vigor e a tua luz.

838 Não tenhas inimigos. – Tem apenas amigos... da direita – se te fizeram ou quiseram fazer

-te bem – e... da esquerda – se te prejudicaram ou tentaram prejudicar-te.

839 Não contes episódios do "teu" apostolado, a não ser para proveito do próximo.

840 Que passe despercebida a vossa condição como passou a de Jesus durante trinta anos.

841 José de Arimateia e Nicodemos visitam Jesus ocultamente, à hora normal e à hora do triunfo.

Mas são valentes, declarando perante a autoridade o seu amor a Cristo – "audacter" – com audácia, na hora da covardia. – Aprende.

842 Não vos preocupeis se por vossas obras "vos conhecem". – É o bom odor de Cristo. – Além disso, trabalhando sempre exclusivamente por Ele, alegrai-vos de que se cumpram aquelas palavras da Escritura: "Que, vendo as vossas boas obras, glorifiquem o vosso Pai que está nos Céus".

843 «Non manifeste, sed quasi in occulto» – não com publicidade, mas ocultamente. Assim vai Jesus à festa dos Tabernáculos.

Assim irá, a caminho de Emaús, com Cléofas

e seu companheiro. – Assim O vê, ressuscitado, Maria de Magdala.

E assim – «non tamen cognoverunt discipuli quia Jesus est», os discípulos não conheceram que era Ele –, assim foi à pesca milagrosa que nos conta São João.

E mais oculto ainda, por Amor aos homens, está na Hóstia.

844 Levantar magníficos edifícios?... Construir palácios suntuosos?... Que os levantem... Que os construam...

Almas! – Vivificar almas..., para aqueles edifícios... e para estes palácios!

Que belas casas nos preparam!

845 Como me fizeste rir e como me fizeste pensar quando me disseste esta verdade de senso comum: Eu... espeto sempre os pregos pela ponta.

846 Certo: fazes melhor trabalho com essa conversa familiar ou com aquela confidência isolada, do que discursando – espetáculo, espetáculo! – em lugar público, perante milhares de pessoas.

Contudo, quando for preciso discursar, discursa.

847 O esforço de cada um de vós, isolado, é ineficaz. – Se vos unir a caridade de Cristo, ficareis maravilhados com a eficácia.

848 Queres ser mártir. – Eu te indicarei um martírio ao alcance da mão: ser apóstolo e não te dizeres apóstolo; ser missionário – com missão – e não te dizeres missionário; ser homem de Deus e pareceres homem do mundo. Passar oculto!

849 Essa é boa! Mete-o a ridículo! – Diz-lhe que está fora de moda; parece mentira que ainda haja gente obstinada em pensar que é bom meio de locomoção a diligência... – Isto, para os que renovam voltairianismos de peruca empoada, ou liberalismos desacreditados do século XIX.

850 Que conversas! Que baixeza e que... nojo! – E tens de conviver com eles, no escritório, na universidade, no consultório..., no mundo.

Se pedes por favor que se calem, ficam caçoando de ti. – Se fazes má cara, insistem. – Se te vais embora, continuam.

A solução é esta: primeiro, pedir a Deus por eles e desagravar; depois..., ir de frente, varonilmente, e empregar "o apostolado dos palavrões".

– Quando te vir, hei de dizer-te ao ouvido um bom repertório.

851 Orientemos as "providenciais imprudências" da juventude.

INFÂNCIA ESPIRITUAL

852 Procura conhecer a "via de infância espiritual", sem "te forçares" a seguir esse caminho. – Deixa agir o Espírito Santo.

853 Caminho de infância. – Abandono. – Infância espiritual. – Nada disto é ingenuidade, mas forte e sólida vida cristã.

854 Na vida espiritual de infância, as coisas que as "crianças" dizem ou fazem nunca são crianciisces nem puerilidades.

855 A infância espiritual não é idiotice espiritual nem moleza piegas; é caminho sensato e vigoroso que, por sua difícil facilidade, a alma tem que empreender e prosseguir, guiada pela mão de Deus.

856 A infância espiritual exige a submissão do entendimento, mais difícil que a submissão da vontade.

– Para submeter o entendimento, precisa-se, além da graça de Deus, de um contínuo exercício da vontade, que se nega ao entendimento como se nega à carne, uma e outra vez e sempre; dando-se como consequência o paradoxo de que quem segue o "pequeno caminho de infância", para se tornar criança, necessita de robustecer e virilizar a sua vontade.

857 Ser pequeno. As grandes audácias são sempre das crianças. – Quem pede... a lua? – Quem não repara nos perigos, ao tratar de conseguir o seu desejo?

"Colocai" numa criança "dessas" muita graça de Deus, o desejo de fazer a Vontade dEle, muito amor a Jesus, toda a ciência humana que a sua capacidade lhe permita adquirir... e tereis retratado o caráter dos apóstolos de hoje, tal como indubitavelmente Deus os quer.

858 Faz-te criança. – Ainda mais. – Mas não fiques na "idade do buço". Já viste coisa mais ridícula do que um moleque bancando "o homem" ou um homem "amolecado"?

Criança para com Deus; e, por consequência, homem muito viril em tudo o mais. – Ah!... e larga essas manhas de cachorrinho de colo.

859 Às vezes, sentimo-nos inclinados a fazer pequenas criancices. – São pequenas obras-primas diante de Deus, e, enquanto não se introduzir a rotina, serão fecundas sem dúvida essas obras, como fecundo é sempre o Amor.

860 Diante de Deus, que é Eterno, tu és uma criança menor do que, diante de ti, um garotinho de dois anos.

E, além de criança, és filho de Deus. – Não o esqueças.

861 Menino: inflama-te em desejos de reparar as enormidades da tua vida de adulto.

862 Menino bobo: no dia em que ocultares alguma coisa da tua alma ao Diretor, deixaste de ser criança, porque perdeste a simplicidade.

863 Menino: quando o fores de verdade, serás onipotente.

864 Sendo crianças, não tereis mágoas; as crianças esquecem depressa os desgostos para voltarem aos seus divertimentos habituais. – Por isso, com esse "abandono", não tereis que vos preocupar, pois descansareis no Pai.

865 Menino: oferece-Lhe todos os dias... até as tuas fragilidades.

866 Menino bom: oferece-Lhe o trabalho daqueles operários que não O conhecem; oferece-Lhe a alegria natural dos pobres garotinhos que frequentam as escolas malvadas...

867 As crianças não têm nada de seu; tudo é de seus pais... E teu Pai sabe sempre muito bem como administra o patrimônio.

868 Faz-te pequeno, bem pequeno. – Não tenhas mais de dois anos, ou três quando muito. – Porque os meninos mais velhos são uns espertalhões que já querem enganar os seus pais com mentiras inverossímeis.

É que têm a maldade, o "fomes"* do pecado,

(*) A inclinação (N. do T.).

ainda que lhes falte a experiência do mal que lhes ensinará a ciência de pecar, para encobrirem com uma aparência de verdade a falsidade de suas mentiras.

Perderam a simplicidade, e a simplicidade é indispensável para sermos crianças diante de Deus.

869 Mas, menino!, por que te empenhas em andar com pernas de pau?

870 Não queiras ser grande. – Criança, criança sempre, ainda que morras de velho.

Quando uma criança tropeça e cai, ninguém estranha...; seu pai se apressa a levantá-la.

Quando quem tropeça e cai é adulto, o primeiro movimento é de riso. – Às vezes, passado esse primeiro ímpeto, o ridículo cede o lugar à piedade. – Mas os adultos têm que se levantar sozinhos.

A tua triste experiência cotidiana está cheia de tropeços e quedas. Que seria de ti se não fosses cada vez mais criança?

Não queiras ser grande, mas menino. Para que, quando tropeçares, te levante a mão de teu Pai-Deus.

871 Menino: o abandono exige docilidade.

872 Não te esqueças de que o Senhor tem predileção pelas crianças e pelos que se fazem como elas.

873 Paradoxos de uma pequena alma. – Quando Jesus te enviar acontecimentos que o mundo chama bons, chora em teu coração, considerando a bondade dEle e a tua malícia; quando Jesus te enviar acontecimentos que o mundo qualifica de ruins, alegra-te em teu coração, porque Ele te dá sempre o que convém, e então é o belo momento de amar a Cruz.

874 Menino audaz, grita: – Que amor o de Teresa! – Que zelo o de Xavier! – Que homem tão admirável São Paulo! – Ah, Jesus, pois eu... Te amo mais do que Paulo, Xavier e Teresa!

VIDA DE INFÂNCIA

875 Não te esqueças, menino bobo, de que o Amor te fez onipotente.

876 Menino: não percas o teu amoroso costume de "assaltar" Sacrários.

877 Quando te chamo "menino bom", não penses que te imagino encolhido, acanhado. – Se não és varonil e... normal, em lugar de seres um apóstolo, serás uma caricatura que provoca riso.

878 Menino bom, diz a Jesus muitas vezes ao dia: eu Te amo, eu Te amo, eu Te amo...

879 Quando te afligirem as tuas misérias, não fiques triste. – Gloria-te nas tuas fraquezas, como

São Paulo, porque às crianças é permitido, sem temor do ridículo, imitar os grandes.

880 Que as tuas faltas e imperfeições, e mesmo as tuas quedas graves, não te afastem de Deus. – A criança débil, se é sensata, procura estar perto de seu pai.

881 Não te preocupes se te aborreces quando fazes essas pequenas coisas que Ele te pede. – Ainda chegarás a sorrir...

Não vês com que pouca vontade dá o menino simples a seu pai, que o experimenta, a guloseima que tinha nas mãos? – Mas dá; venceu o amor.

882 Quando queres fazer as coisas bem, muito bem, é que as fazes pior. – Humilha-te diante de Jesus, dizendo-lhe:

– Viste como faço tudo mal? Pois olha: se não me ajudas muito, ainda farei pior!

Tem compaixão do teu menino; olha que quero escrever todos os dias uma página grande no livro da minha vida... Mas sou tão rude!, que se o Mestre não me pega na mão, em vez de letras esbeltas, saem da minha pena coisas tortas e borrões, que não se podem mostrar a ninguém.

De agora em diante, Jesus, escreveremos sempre juntos os dois.

883 Reconheço a minha rudeza, meu Amor, que é tanta..., tanta, que até quando quero acariciar, machuco.

– Suaviza as maneiras da minha alma; dá-me, quero que me dês, dentro da firme virilidade da vida de infância, aquela delicadeza e meiguice que as crianças têm para tratar, com íntima efusão de amor, os seus pais.

884 Estás cheio de misérias. – Cada dia as vês mais claramente. – Mas que não te assustem. – Ele bem sabe que não podes dar mais fruto.

As tuas quedas involuntárias – quedas de criança – fazem com que teu Pai-Deus tenha mais cuidado, e que tua Mãe, Maria, não te largue da sua mão amorosa.

Aproveita-te disso e, quando diariamente o Senhor te levantar do chão, abraça-O com todas as tuas forças e encosta a tua cabeça miserável no seu peito aberto, para que acabem de enlouquecer-te os latejos do seu Coração amabilíssimo.

885 Uma picadela. – E outra. E outra. – Aguenta-as, faz favor! Não vês que és tão pequeno que só podes oferecer na tua vida – no teu pequeno caminho – essas pequenas cruzes?

Além disso, repara: uma cruz sobre outra – uma picadela... e outra..., que grande montão!

No fim, menino, soubeste fazer uma coisa muito grande: Amar.

886 Quando uma alma de criança apresenta ao Senhor os seus desejos de indulto, deve ter a certeza de que em breve verá cumpridos esses desejos.

Jesus arrancará da alma a cauda imunda que arrasta pelas suas misérias passadas; tirará o peso morto, resto de todas as impurezas, que a faz prender-se ao chão; jogará para longe do menino todo o lastro terreno do seu coração, para que suba até à Majestade de Deus, a fundir-se na labareda viva de Amor que Ele é.

887 Esse desânimo que te produzem as tuas faltas de generosidade, as tuas quedas, os teus retrocessos – talvez só aparentes –, dá-te muitas vezes a impressão de teres quebrado alguma coisa de grande valor – a tua santificação.

Não te aflijas; aplica à vida sobrenatural o

modo sensato que, para resolver conflito semelhante, empregam as crianças simples.

Quebraram – por fragilidade, quase sempre – um objeto muito estimado de seu pai. – Sentem-no, e talvez chorem, mas... vão desabafar a sua mágoa com o dono da coisa inutilizada pela sua inépcia... E o pai esquece o valor – ainda que seja grande – do objeto destruído e, cheio de ternura, não só perdoa, mas até consola e anima o garotinho.

– Aprende.

888 Que a vossa oração seja viril. – Ser criança não é ser efeminado.

889 Para quem ama Jesus, a oração, mesmo a oração com aridez, é a doçura que põe sempre fim às mágoas; vai-se à oração com a ânsia com que o menino vai ao açúcar, depois de tomar o remédio amargo.

890 Sei que te distrais na oração. – Procura evitar as distrações, mas não te preocupes se, apesar de tudo, continuas distraído.

Não vês como, na vida natural, até as crianças mais sossegadas se entretêm e divertem com o que as rodeia, sem atender muitas vezes às palavras de seu pai? – Isso não implica falta de amor nem de respeito; é a miséria e pequenez própria do filho.

Pois olha: tu és uma criança diante de Deus.

891 Quando estiveres em oração, faz circular as ideias inoportunas, como se fosses um guarda de trânsito. Para isso tens a vontade enérgica que é própria da tua vida de criança. – Detém, de vez em quando, algum desses pensamentos para pedir pelos protagonistas da recordação inoportuna. – E depois, para a frente!... Assim, até chegar a hora.

– Quando a tua oração, feita deste jeito, te parecer inútil, alegra-te e acredita que soubeste agradar a Jesus.

892 Como é bom ser criança! – Quando um homem solicita um favor, é preciso que ao requerimento junte a folha dos seus méritos.

Quando quem pede é um menininho, como as crianças não têm méritos, basta-lhe dizer: – Sou filho de Fulano.

Ah, Senhor – diz-Lhe com toda a tua alma! –, eu sou... filho de Deus.

893 Perseverar. – Uma criança que bate a uma porta, bate uma e duas vezes, e muitas vezes..., com força e demoradamente, sem se envergonhar! E quem vai abrir, ofendido, é desarmado pela simplicidade da criaturinha inoportuna... – Assim tu com Deus.

894 Já viste como agradecem as crianças? – Imita-as dizendo, como elas, a Jesus, diante do favorável e diante do adverso: "Que bom que és! Que bom!..."

Esta frase, bem sentida, é caminho de infância, que te levará à paz, com peso e medida de risos e prantos, e sem peso e medida de Amor.

895 O trabalho esgota o teu corpo, e não consegues fazer oração. – Estás sempre na presença de teu Pai. Se não falas com Ele, olha-O de vez em quando, como uma criancinha..., e Ele te sorrirá.

896 Dizes que na ação de graças, depois da Comunhão, a primeira coisa que te vem aos lábios, sem o poderes evitar, é a petição: – Jesus, dá-me isto!; Jesus, aquela alma; Jesus, aquela atividade...

Não te preocupes nem te violentes; não vês

que, sendo o pai bom e o filho criança simples e audaz, o garotinho mete as mãos no bolso do pai, à procura de guloseimas, antes de lhe dar o beijo de boas-vindas? – Então...

897 A nossa vontade, com a graça, é onipotente diante de Deus. – Assim, à vista de tantas ofensas ao Senhor, se dissermos a Jesus, com vontade eficaz, indo no ônibus por exemplo: "Meu Deus, quereria fazer tantos atos de amor e desagravo quantas as voltas de cada roda deste carro", naquele mesmo instante, diante de Jesus, tê-Lo-emos realmente amado e desagravado conforme o nosso desejo.

Esta "ingenuidade" não está fora da infância espiritual; é o eterno diálogo entre a criança inocente e o pai, doido por seu filho:

– Quanto me queres?... Fala! – E o garotinho diz, marcando as sílabas: – Mui-tos mi-lhões!

898 Se tens "vida de infância", por seres criança, hás de ser espiritualmente guloso. – Lembra-te, como os da tua idade, das coisas boas que a tua Mãe tem guardadas.

E isto, muitas vezes ao dia. – É uma questão de segundos: Maria... Jesus... o Sacrário... a Comunhão... o Amor... o sofrimento... as benditas almas do purgatório... os que lutam: o Papa, os sacerdotes... os fiéis... a tua alma... as almas dos teus... os Anjos da Guarda... os pecadores...

899 Como te custa essa pequena mortificação! Estás lutando. É como se te dissessem: – Por que hás de ser tão fiel ao plano de vida, ao relógio?

– Olha: já reparaste com que facilidade são enganados os garotinhos? – Não querem tomar o remédio amargo, mas... "vamos lá!" – dizem-lhes –, "esta colherzinha pelo papai; outra pela vovó..." E assim até tomarem toda a dose.

O mesmo deves tu fazer: quinze minutos mais de cilício pelas almas do purgatório; cinco minutos mais pelos teus pais; outros cinco pelos teus irmãos de apostolado... Até passar o tempo marcado no teu horário.

Feita deste modo a tua mortificação, quanto não vale!

900 Não estás só. – Aceita com alegria a tribulação. – Não sentes na tua mão, pobre criança, a mão da tua Mãe: é verdade. – Mas... não tens visto as mães da terra, de braços estendidos, seguirem os seus meninos quando se aventuram, temerosos, a dar os primeiros passos sem ajuda de ninguém? – Não estás só; Maria está junto de ti.

901 Jesus: nunca Te pagarei, ainda que morra de Amor, a graça que tens esbanjado para me tornares pequeno.

CHAMAMENTO

902 Por que não te entregas a Deus de uma vez..., de verdade..., agora!?

903 Se vês claramente o teu caminho, segue-o. – Por que não repeles a covardia que te detém?

904 "Ide, pregai o Evangelho... Eu estarei convosco..." – Isto disse Jesus... e disse-o a ti.

905 O fervor patriótico – louvável – leva muitos homens a fazer da sua vida um... "serviço", uma "milícia". – Não esqueças que Cristo tem também "milícias" e gente escolhida a seu "serviço".

906 «Et regni ejus non erit finis». – O seu Reino não terá fim!
Não te dá alegria trabalhar por um reinado assim?

907 «Nesciebatis quia in his quae Patris mei sunt oportet me esse?» – Não sabíeis que Eu devo ocupar-me nas coisas que dizem respeito ao serviço de meu Pai?

Resposta de Jesus adolescente. E resposta a uma mãe como a sua Mãe, que há três dias anda à sua procura, julgando-O perdido. – Resposta que tem por complemento aquelas palavras de Cristo que São Mateus transcreve: "Quem ama seu pai ou sua mãe mais do que a Mim, não é digno de Mim".

908 É demasiada a tua simplicidade quando medes o valor das obras de apostolado por aquilo que delas se vê. – Com esse critério, terias de preferir um monte de carvão a um punhado de diamantes.

909 Agora que te entregaste, pede-Lhe uma vida nova, um "novo cunho", para dar firmeza à autenticidade da tua missão de homem de Deus.

910 Isso – o teu ideal, a tua vocação – é... uma loucura. – E os outros – os teus amigos, os teus irmãos –, uns loucos...

Não tens ouvido, por vezes, esse grito bem

dentro de ti? – Responde, com decisão, que agradeces a Deus a honra de pertencer ao "manicômio".

911 Escreves-me: "O desejo tão grande que todos temos de que «isto» avance e se dilate, parece que vai converter-se em impaciência. Quando salta, quando irrompe..., quando veremos nosso o mundo?"

E acrescentas: "O desejo não será inútil se o empregarmos em «coagir», em importunar o Senhor; assim teremos ganho o tempo de uma maneira formidável!"

912 Compreendo o teu sofrimento quando, no meio da tua forçosa inatividade, consideras a tarefa que está por fazer. – Não te cabe o coração no planeta, e tem de se amoldar... a um minúsculo trabalho burocrático.

Mas para quando deixamos o «fiat»*?...

913 Não duvides: a tua vocação é a maior graça que o Senhor te pôde conceder. – Agradece-Lhe.

(*) "Faça-se" (N. do T.).

914 Que pena causam essas multidões – altas e baixas e do meio – sem ideal! – Dão a impressão de não saber que têm alma; são... manada, rebanho..., vara.

Jesus: nós, com a ajuda do teu Amor Misericordioso, converteremos a manada em mesnada, o rebanho em exército..., e da vara extrairemos, purificados, os que não mais quiserem ser imundos.

915 As obras de Deus não são alavanca nem degrau.

916 Senhor, torna-nos loucos, com uma loucura contagiosa que atraia muitos ao teu apostolado.

917 «Nonne cor nostrum ardens erat in nobis dum loqueretur in via?» – Não ardia o nosso coração dentro de nós, enquanto nos falava pelo caminho?

Se és apóstolo, estas palavras dos discípulos de Emaús deviam sair espontaneamente dos lábios dos teus companheiros de profissão, depois de te encontrarem no caminho da sua vida.

918 Vai ao apostolado disposto a dar tudo, e não a procurar algo de terreno.

919 Querendo-te apóstolo, o Senhor te lembrou, para que nunca o esqueças, que és "filho de Deus".

920 Cada um de vós deve procurar ser um apóstolo de apóstolos.

921 Tu és sal, alma de apóstolo. – «Bonum est sal» – o sal é bom, lê-se no Santo Evangelho; «si autem sal evanuerit» – mas se o sal se desvirtua..., de nada serve, nem para a terra, nem para o esterco; joga-se fora como inútil.

Tu és sal, alma de apóstolo. – Mas se te desvirtuas...

922 Meu filho: se amas o teu apostolado, fica certo de que amas a Deus.

923 No dia em que "sentires" bem o teu apostolado, esse apostolado será para ti uma couraça em que se embotarão todas as ciladas dos teus inimigos da terra e do inferno.

924 Pede sempre a tua perseverança e a dos teus companheiros de apostolado, porque o nosso adversário, o demônio, sabe perfeitamente que sois os seus grandes inimigos..., e uma queda em vossas fileiras, quanto o satisfaz!

925 Assim como os bons religiosos se empenham em conhecer a maneira como viviam os primeiros da sua ordem ou congregação, para se ajustarem àquela conduta, assim tu – cavalheiro cristão – procura conhecer e imitar a vida dos discípulos de Jesus, que conviveram com Pedro e com Paulo e com João, e quase foram testemunhas da Morte e da Ressurreição do Mestre.

926 Perguntas-me..., e te respondo: – A tua perfeição consiste em viveres perfeitamente naquele lugar, ofício e grau em que Deus, por meio da autoridade, te colocar.

927 Orai uns pelos outros. – Está fraquejando aquele?... – E aquele outro?...

Continuai orando, sem perder a paz. – Vão-se embora? Perdem-se?... O Senhor vos tem contados desde a eternidade!

928 Tens razão. – Do alto do cume – escreves-me –, em tudo o que se divisa (e é um raio de muitos quilômetros), não se enxerga uma única planície; por detrás de cada montanha, outra ainda. Se em algum lugar a paisagem parece suavizar-se, mal se levanta o nevoeiro, aparece uma serra que estava oculta.

Assim é, assim tem que ser o horizonte do teu apostolado: é preciso atravessar o mundo. – Mas não há caminhos feitos para vós... Tereis de fazê-los, através das montanhas, à força das vossas passadas.

O APÓSTOLO

929 A Cruz sobre o teu peito?... – Está bem. Mas... a Cruz sobre os teus ombros, a Cruz na tua carne, a Cruz na tua inteligência. – Assim viverás por Cristo, com Cristo e em Cristo; só assim serás apóstolo.

930 Alma de apóstolo: primeiro, tu. – Disse o Senhor por São Mateus: "Muitos me dirão no dia do juízo: Senhor!, Senhor!, não profetizamos nós em teu nome, e em teu nome não expulsamos os demônios, e em teu nome não fizemos muitos milagres? Então Eu lhes direi: Nunca vos conheci por meus; apartai-vos de mim, obreiros da iniquidade".

Não suceda – diz São Paulo – que, tendo pregado aos outros, venha eu a ser reprovado.

931 O gênio militar de Santo Inácio apresenta-nos o demônio chamando inúmeros diabos e espalhando-os pelos países, estados, cidades e aldeias, depois de lhes ter feito "um sermão" em que os admoesta a lançar ferros e cadeias, não deixando ninguém em particular sem algemas...

Disseste-me que querias ser líder; e... para que serve um líder algemado?

932 Repara: os apóstolos, com todas as suas misérias patentes e inegáveis, eram sinceros, simples..., transparentes.

Tu também tens misérias patentes e inegáveis. – Oxalá não te falte simplicidade.

933 Contam de uma alma que, ao dizer ao Senhor na oração: "Jesus, eu Te amo", ouviu esta resposta do Céu: "Obras é que são amores, não as boas palavras".

Pensa se por acaso não merecerás tu também esta carinhosa censura.

934 O zelo é uma loucura divina de apóstolo, que te desejo, e que tem estes sintomas: fome de intimidade com o Mestre; preocupação constante pelas almas; perseverança que nada faz desfalecer.

935 Não fiques dormindo sobre os louros. – Se, humanamente falando, essa posição já é incômoda e pouco galharda, quanto mais quando os louros – como neste caso – não forem teus, mas de Deus!

936 No apostolado, estás para submeter-te, para aniquilar-te; não para impor o teu critério pessoal.

937 Nunca sejais homens ou mulheres de ação longa e oração curta.

938 Procura viver de tal maneira que saibas privar-te voluntariamente da comodidade e bem-estar que acharias mal nos costumes de outro homem de Deus.

Olha que és o grão de trigo de que nos fala o Evangelho. – Se não te enterras e morres, não haverá fruto.

939 Sede homens e mulheres do mundo, mas não sejais homens ou mulheres mundanos.

940 Não esqueças que a unidade é sintoma de vida: desunir-se é putrefação, sinal certo de ser um cadáver.

941 Obedecer..., caminho seguro. – Obedecer cegamente ao superior..., caminho de santidade. – Obedecer no teu apostolado..., o único caminho, porque, numa obra de Deus, o espírito há de ser este: obedecer ou ir-se embora.

942 Lembra-te, meu filho, de que não és somente uma alma que se une a outras almas para fazer uma coisa boa.

Isso é muito..., mas é pouco. – És o Apóstolo que cumpre um mandato imperativo de Cristo.

943 Oxalá que, convivendo contigo, não se possa exclamar o que, com bastante razão, gritava determinada pessoa: "De honrados estou até aqui..." E tocava no cocuruto da cabeça.

944 Tens de comunicar a outros Amor de Deus e zelo pelas almas, para que esses, por sua vez, peguem fogo a muitos mais que estão num terceiro plano, e cada um destes últimos aos seus companheiros de profissão.

De quantas calorias espirituais não precisas! – E que responsabilidade tão grande, se esfrias! E (nem o quero pensar) que crime tão horroroso, se desses mau exemplo!

945 É má disposição ouvir a palavra de Deus com espírito crítico.

946 Se quereis entregar-vos a Deus no mundo, mais do que sábios (quanto a elas, não é preciso serem sábias; basta que sejam sensatas*), tendes que ser espirituais, muito unidos ao Senhor pela oração; deveis trazer um manto invisível que cubra todos e cada um dos vossos sentidos e potências – orar, orar e orar; expiar, expiar e expiar.

947 Ficavas espantado por eu aprovar a falta de "uniformidade" nesse apostolado em que trabalhas. E te disse:

Unidade e variedade. – Deveis ser tão diferentes como diferentes são os santos do Céu, que tem cada um as suas notas pessoais e especialíssimas. – E também tão conformes uns com os outros como os santos, que não seriam santos se cada um deles não se tivesse identificado com Cristo.

(*) Quando este livro foi escrito, as mulheres com curso superior eram uma minoria na Espanha, embora já naquela época o autor incentivasse as que atendia espiritualmente a seguir a vocação universitária, caso se sentissem atraídas a isso (N. do T.).

948 Tu, filho predileto de Deus, sente e vive a fraternidade, mas sem familiaridades.

949 Aspirar a ter cargos nas obras de apostolado é coisa inútil nesta vida, e para a outra Vida é um perigo.

Se Deus o quiser, hão de chamar-te. – E então deves aceitar. – Mas não esqueças que em todos os lugares podes e deves santificar-te, porque para isso vieste.

950 Se pensas que, ao trabalhar por Cristo, os cargos são algo mais do que cargas, quantas amarguras te esperam!

951 Estar à frente de uma obra de apostolado é o mesmo que estar disposto a sofrer tudo de todos, com infinita caridade.

952 No trabalho apostólico, não se pode perdoar a desobediência nem a duplicidade. – Tem em conta que simplicidade não é imprudência nem indiscrição.

953 Tens obrigação de pedir e sacrificar-te pela pessoa e intenções de quem dirige a tua obra de apostolado. – Se és remisso no cumprimento deste dever, fazes-me pensar que te falta entusiasmo pelo teu caminho.

954 Leva ao extremo o respeito pelo superior quando te consultar e tiveres de contradizer as suas opiniões. – E nunca o contradigas diante dos que lhe estão sujeitos, mesmo que não tenha razão.

955 Na tua obra de apostolado, não temas os inimigos de fora, por maior que seja o seu poder. – Este é o inimigo terrível: a tua falta de "filiação" e a tua falta de "fraternidade".

956 Compreendo bem que te divirtam os desprezos – mesmo que venham de inimigos poderosos –, desde que sintas a união com o teu Deus e com os teus irmãos de apostolado. – Para ti, que importância tem isso?

957 Comparo com frequência o trabalho de apostolado a uma máquina: rodas dentadas, êmbolos, válvulas, parafusos...
Pois bem, a caridade – a tua caridade – é o lubrificante.

958 Acaba com esse "ar de autossuficiência" que isola da tua as almas que se aproximam de ti. – Procura escutar. E fala com simplicidade. Só assim crescerá em extensão e fecundidade o teu trabalho de apóstolo.

959 O desprezo e a perseguição são benditas provas de predileção divina, mas não há prova e sinal de predileção mais belo do que este: passar oculto.

O APOSTOLADO

960 Assim como o rumor do oceano se compõe do ruído de cada uma das ondas, assim a santidade do vosso apostolado se compõe das virtudes pessoais de cada um de vós.

961 É preciso que sejas "homem de Deus", homem de vida interior, homem de oração e de sacrifício. – O teu apostolado deve ser uma superabundância da tua vida "para dentro".

962 Unidade. – Unidade e sujeição. Para que quero eu as peças soltas de um relógio, mesmo que sejam primorosas, se não me marcam as horas?

963 Não façais "igrejinhas" dentro do vosso trabalho. – Seria tornar mesquinhos os trabalhos de apostolado, porque, se a "igrejinha" chega –

por fim! – ao governo de uma obra universal...,
com que rapidez se transforma a obra universal
em igrejinha!

964 Dizias-me, com desconsolo: – Há muitos
caminhos! – Tem que haver: para que todas as
almas possam encontrar o seu, nessa variedade
admirável.

Confusionismo? – Escolhe de uma vez para
sempre; e a confusão se converterá em certeza.

965 Alegra-te quando vires que outros trabalham em bons campos de apostolado. – E pede,
para eles, graça de Deus abundante e correspondência a essa graça.

Depois, tu... segue o teu caminho; convence-te
de que não tens outro.

966 É mau espírito o teu, se te dói que outros
trabalhem por Cristo sem contarem com o teu
apostolado. – Lembra-te desta passagem de São
Marcos: "Mestre, vimos um que em teu nome expulsava os demônios, e que não está conosco; e
nós lho proibimos. Disse Jesus: Não lho proibais,
pois ninguém que faça um milagre em meu nome
falará depois mal de mim. Quem não está contra
vós está convosco".

967 É inútil que te afadigues em tantas obras exteriores, se te falta Amor. – É como costurar com agulha sem linha.

Que pena se, afinal, tivesses feito o "teu" apostolado, e não o "seu" Apostolado!

968 Com alegria te abençoo, meu filho, por essa fé na tua missão de apóstolo que te levou a escrever: "Não há dúvida; o futuro é garantido, apesar de nós talvez. Mas é preciso que formemos uma só coisa com a Cabeça – «ut omnes unum sint!» –, pela oração e pelo sacrifício".

969 Os que, deixando a ação para os outros, oram e sofrem, não brilharão aqui, mas como luzirá a sua coroa no Reino da Vida! – Bendito seja o "apostolado do sofrimento"!

970 É verdade que chamei o teu apostolado discreto de "silenciosa e operativa missão". – E não tenho nada que retificar.

971 Parece-me tão bem a tua devoção pelos primeiros cristãos, que farei o possível por fomentá-la, para que pratiques – como eles –, cada dia com mais entusiasmo, esse Apostolado eficaz de discrição e de confidência.

972 Quando puseres em prática o teu "apostolado de discrição e de confidência", não me digas que não sabes o que hás de dizer. – Porque te direi com o salmo: «Dominus dabit verbum evangelizantibus virtute multa» – o Senhor põe na boca dos seus apóstolos palavras cheias de eficácia.

973 Essas palavras que tão a tempo deixas cair ao ouvido do amigo que vacila; a conversa orientadora que soubeste provocar oportunamente; e o conselho profissional que melhora o seu trabalho universitário; e a discreta indiscrição que te faz sugerir-lhe imprevistos horizontes de zelo... Tudo isso é "apostolado da confidência".

974 "Apostolado do almoço". É a velha hospitalidade dos Patriarcas, com o calor fraternal de Betânia. – Quando se pratica, parece que se entrevê Jesus presidindo, como em casa de Lázaro.

975 Urge recristianizar as festas e os costumes populares. – Urge evitar que os espetáculos públicos se vejam nesta disjuntiva: ou piegas ou pagãos.

Pede ao Senhor que haja quem trabalhe nessa tarefa urgente, a que podemos chamar "apostolado da diversão".

976 Do "apostolado epistolar" me fazes um bom panegírico. – Escreves: "Não sei como encher o papel falando de coisas que possam ser úteis a quem recebe a carta. Quando começo, digo ao meu Anjo da Guarda que, se escrevo, é com o fim de que sirva para alguma coisa. E mesmo que só diga bobagens, ninguém me pode tirar – nem tirar a ele – o tempo que passei pedindo o que sei que mais necessita a alma daquele a quem vai dirigida a minha carta".

977 "A carta apanhou-me nuns dias tristes, sem motivo algum, e ao lê-la animei-me extraordinariamente, sentindo como trabalham os outros".

– E outro: "As suas cartas e as notícias dos meus irmãos ajudam-me como um sonho feliz diante da realidade de tudo o que apalpamos..."

– E outro: "Que alegria receber essas cartas e saber-me amigo desses amigos!"

– E outro, e mil: "Recebi a carta de X., e me envergonho ao pensar na minha falta de espírito, comparado com eles".

Não é verdade que é eficaz o "apostolado epistolar"?

978 «Venite post me, et faciam vos fieri piscatores hominum» – vinde atrás de Mim, e farei de vós pescadores de homens. – Não sem mistério emprega o Senhor estas palavras: os homens – como os peixes –, é preciso apanhá-los pela cabeça.

Que profundidade evangélica não encerra o "apostolado da inteligência"!

979 É condição humana ter em pouco o que pouco custa. – Esta é a razão por que te aconselho o "apostolado de não-dar".

Nunca deixes de cobrar o que for equitativo e razoável pelo exercício da tua profissão, se a tua profissão é o instrumento do teu apostolado.

980 "Não temos o direito de fazer-nos acompanhar nas viagens por uma mulher, irmã em Jesus Cristo, para que nos assista, como fazem os demais apóstolos, e os parentes do Senhor, e o próprio Pedro?"

É o que diz São Paulo na sua primeira Epístola aos Coríntios. – Não é possível desdenhar a colaboração da "mulher no apostolado".

981 "Indo Ele, logo depois, por cidades e aldeias – lê-se no capítulo VIII de São Lucas –, pregava e evangelizava o reino de Deus. Acompanhavam-no os doze e algumas mulheres que tinham sido libertadas de espíritos malignos e curadas de enfermidades: Maria, chamada Madalena, da qual expulsara sete demônios; Joana, mulher de Cusa, administrador de Herodes; e Susana, e outras muitas, que o serviam com os seus bens".

Copio. E peço a Deus que, se alguma mulher me ler, se encha de uma santa inveja, cheia de eficácia.

982 Mais forte a mulher do que o homem, e mais fiel na hora da dor. – Maria de Magdala, e Maria Cléofas, e Salomé!

Com um grupo de mulheres valentes, como essas, bem unidas à Virgem Dolorosa, que apostolado não se faria no mundo!

PERSEVERANÇA

983 Começar é de todos; perseverar, de santos.
Que a tua perseverança não seja consequência cega do primeiro impulso, fruto da inércia; que seja uma perseverança refletida.

984 Diz-Lhe: «Ecce ego quia vocasti me!» – Aqui me tens, porque me chamaste!

985 Sei que te afastaste do caminho, e não voltavas por vergonha. – Era mais lógico que tivesses vergonha de não retificar.

986 "A verdade é que não é preciso ser nenhum herói – confessas-me – para, sem excentricidades nem afetações de carola, saber isolar-se quando for necessário segundo os casos... e perseverar". E acrescentas: "Desde que cumpra as normas que me deu, não me preocupam as intrigas e complicações do ambiente; o que me assustaria era ter medo dessas insignificâncias". – Magnífico!

987 Fomenta e preserva esse ideal nobilíssimo que acaba de nascer em ti. – Olha que se abrem muitas flores na primavera, e são poucas as que frutificam.

988 O desalento é inimigo da tua perseverança. – Se não lutas contra o desalento, chegarás ao pessimismo, primeiro, e à tibieza, depois. – Sê otimista.

989 Ora vamos! Depois de tanto dizer: "Cruz, Senhor, Cruz!", está-se vendo que querias uma cruz a teu gosto.

990 Constância, que nada desoriente. – Faz-te falta. Pede-a ao Senhor e faz o que puderes para obtê-la; porque é um grande meio para que não te separes do fecundo caminho que empreendeste.

991 Não podes "subir", não é mesmo? – Não é de estranhar: aquela queda!...
Persevera e "subirás". – Recorda o que diz um autor espiritual: a tua pobre alma é um pássaro que ainda tem as asas empastadas de barro.

É preciso muito calor do Céu e esforços pessoais, pequenos e constantes, para arrancar essas inclinações, essas imaginações, esse abatimento: essa lama pegajosa de tuas asas.

E ver-te-ás livre. – Se perseveras, "subirás".

992 Dá graças a Deus, que te ajudou, e rejubila com a tua vitória. – Que alegria tão profunda, essa que sente a tua alma depois de ter correspondido!

993 Discorres... bem, friamente: quantos motivos para abandonar a tarefa! – E um ou outro, ao que parece, capital.

Vejo, sem dúvida, que tens razões. – Mas não tens razão.

994 "Passou-me o entusiasmo", escreveste-me.

– Tu não deves trabalhar por entusiasmo, mas por Amor; com consciência do dever, que é abnegação.

995 Inabalável. Assim tens de ser. – Se fazem vacilar a tua perseverança as misérias alheias ou as próprias, formo um triste conceito do teu ideal.

Decide-te de uma vez para sempre.

996 Tens uma pobre ideia do teu caminho quando, ao te sentires frio, julgas tê-lo perdido; é a hora da provação. Por isso te tiraram as consolações sensíveis.

997 Ausência, isolamento – provas para a perseverança. – Santa Missa, oração, sacramentos, sacrifícios, comunhão dos santos! – armas para vencer na prova.

998 Bendita perseverança a do burrico de nora!* – Sempre ao mesmo passo. Sempre as mesmas voltas. – Um dia e outro; todos iguais.

Sem isso, não haveria maturidade nos frutos, nem louçania no horto, nem teria aromas o jardim.

Leva este pensamento à tua vida interior.

999 Qual é o segredo da perseverança? O Amor. – Enamora-te, e não O deixarás.

(*) A nora é um aparelho usado em algumas regiões da Europa para extrair água de poços e cisternas; costuma ser acionado por animais que giram à volta do poço (N. do T.).

ÍNDICE DE TEXTOS DA SAGRADA ESCRITURA*

ANTIGO TESTAMENTO

I Samuel
  III, 6 984

II Samuel
  XI, 2-3 .... cfr. 183

I Reis
  II, 2 4

I Crônicas
  XVI, 10 666

II Crônicas
  VII, 3 93

Tobias
  V, 13 715
  V-VIII .... cfr. 360
  V-XII .... cfr. 27

Jó
  VII, 1 .... cfr. 306

Salmos
  VI, 7 .... cfr. 216
  XVIII, 10 435
  XXII, 1 760
  XXVI, 1 e 3 482
  XXX, 2 95
  XXXVIII, 4 92
  L, 19 712
  LIV, 13-15 244
  LXI, 11 636
  LXVII, 12 972
  LXX, 1 95
  CIII, 10 12
  CIV, 15 67
  CXVII, 28 785
  CXVIII, 120 326

Provérbios
  XVIII, 19 460

(*) O Autor cita a Sagrada Escritura segundo a versão da Vulgata. Por fidelidade ao texto original de *Caminho*, julgou-se conveniente não substituir essas citações dos Livros Sagrados pelas correspondentes da Neovulgata (N. do E.).

Cântico dos Cânticos
    II, 15 329
    V, 8 568

Eclesiástico
    VI, 14 .... cfr. 421
    XXIV, 24 .... cfr. 504

Isaías
    XL, 15 .... cfr. 613
    LIX, 1 586

Jeremias
    II, 20 .... cfr. 413

NOVO TESTAMENTO

Evangelho de São Mateus
    I, 18-24 .... cfr. 653
    IV, 4 87
    IV, 18-22 .... cfr. 799
    V, 13 .... cfr. 921
    V, 16 842
    V, 29 163
    V, 48 291
    VI, 3 .... cfr. 466
    VI, 9 84
    VI, 21 421
    VI, 24 300
    VI, 33 .... cfr. 472
    VII, 21 754
    VII, 22-23 930
    VIII, 2-3 142
    IX, 5 264
    IX, 9 .... cfr. 799
    IX, 12 536
    IX, 37-38 800
    X, 24 699
    X, 37 907
    XI, 29 607
    XI, 30 .... cfr. 758
    XII, 36-37 .... cfr. 447
    XIII, 31-33 .... cfr. 695
    XIII, 36 695
    XIII, 55 491
    XVII, 19 585
    XIX, 21-22 807
    XIX, 29 670
    XIX, 29 .... cfr. 791
    XXV, 21 819
    XXVII, 17-23 .... cfr. 296
    XXVII, 55-56 .... cfr. 982
    XXVIII, 19-20 904

Evangelho de São Marcos
    I, 17 978
    I, 16-20 .... cfr. 799
    I, 40-41 142
    II, 13-14 .... cfr. 799
    II, 17 536
    VI, 3 491
    IX, 22 588
    IX, 37-39 966
    X, 14-16 .... cfr. 872
    X, 29-30 .... cfr. 779
    XI, 1-10 .... cfr. 507
    XI, 2-7 .... cfr. 606
    XI, 13 .... cfr. 354
    XI, 20-22 .... cfr. 354
    XI, 23 .... cfr. 489
    XII, 41-44 .... cfr. 829

ÍNDICES

XIV, 6 527
XIV, 61 671
XV, 40-41 .... cfr. 982
XV, 43 .... cfr. 841
XVI, 15 .... cfr. 904

Evangelho de São Lucas

I, 30 511
I, 33 906
I, 38 403
I, 38 510
I, 38 512
I, 38 763
I, 38 912
I, 48 598
II, 14 .... cfr. 759
II, 49 907
V, 4-5 792
V, 6 629
V, 9-11 .... cfr. 799
V, 12-13 .... cfr. 142
V, 27-28 .... cfr. 799
V, 31 536
VI, 12 104
VI, 40 .... cfr. 699
VIII, 1-3 981
VIII, 5 794
X, 2 800
X, 42 89
XI, 1-4 84
XI, 9 96
XII, 49 801
XIV, 30 324
XIV, 34 921
XVI, 10 243
XVII, 5 588
XVII, 5 .... cfr. 580
XXII, 39-46 .... cfr. 213
XXII, 53 734

XXIV, 15-16 .... cfr. 843
XXIV, 32 917
XXIV, 36 258

Evangelho de São João

II, 1-11 .... cfr. 502
II, 1-11 507
III, 1-15 .... cfr. 841
III, 8 110
IV, 14 .... cfr. 148
IV, 34 766
VII, 10 843
XI, 33-36 .... cfr. 422
XI, 39 e 43 719
XI, 53 .... cfr. 694
XII, 1-3 .... cfr. 974
XII, 14-16 .... cfr. 606
XII, 24 199
XII, 24 .... cfr. 938
XIII, 34-35 385
XIV, 17 .... cfr. 57
XIV, 27 258
XV, 1-8 .... cfr. 701
XV, 5 416
XV, 5 781
XVII, 21 968
XIX, 25 507
XIX, 25 .... cfr. 508
XIX, 25 .... cfr. 982
XIX, 25-27 .... cfr. 144
XIX, 26-27 .... cfr. 506
XIX, 38-42 .... cfr. 841
XX, 14 .... cfr. 843
XXI, 4 .... cfr. 843

Atos dos Apóstolos

I, 1 342
IX, 1-30 .... cfr. 799
XII, 15 570

Epístola aos Romanos
- I, 17 578
- II, 6 .... cfr. 748
- VII, 24 138
- VIII, 28 .... cfr. 378
- XII, 12 209
- XIII, 14 310
- XVI, 15 469

I Epístola aos Coríntios
- II, 9 751
- III, 8 748
- III, 16 .... cfr. 57
- VI, 19 .... cfr. 57
- VI, 20 135
- IX, 5 980
- IX, 24 318
- IX, 27 930

II Epístola aos Coríntios
- XI, 30 .... cfr. 879
- XII, 9 .... cfr. 707
- XII, 10 604
- XIII, 12 469

Epístola aos Gálatas
- I, 18 520
- IV, 4-7 .... cfr. 512
- VI, 2 385

Epístola aos Efésios
- I, 1 469
- V, 20 .... cfr. 268
- VI, 11-12 .... cfr. 750

Epístola aos Filipenses
- I, 1 469
- II, 8 628
- IV, 13 .... cfr. 717

I Epístola aos Tessalonicenses
- V, 18 .... cfr. 268

I Epístola a Timóteo
- VI, 15 538

II Epístola a Timóteo
- II, 10 550

Epístola aos Hebreus
- XIII, 8 584
- XIII, 17 621

Epístola de São Tiago
- V, 13 663

I Epístola de São João
- III, 18 461

Apocalipse
- III, 16 .... cfr. 325
- XIX, 16 538

ÍNDICE POR PONTOS
DE TEXTOS DA SAGRADA ESCRITURA

4	I Reg II, 2
12	Ps CIII, 10
27	cfr. Tob V-XII
57	cfr. I Cor III, 16 e VI, 19; Ioh XIV, 17
67	Ps CIV, 15
84	Mt VI, 9; Lc XI, 1-4
87	Mt IV, 4
89	Lc X, 42
92	Ps XXXVIII, 4
93	II Par VII, 3; Ps CXVII, 1
95	Ps XXX, 2 e LXX, 1
96	Lc XI, 9
104	Lc VI, 12
110	Ioh III, 8
135	I Cor XI, 20
138	Rom VII, 24
142	Mt VIII, 2-3; Mc I, 40-41; cfr. Lc V, 12-13
144	cfr. Ioh XIX, 25-27
148	cfr. Ioh IV, 14
163	Mt V, 29
183	cfr. II Sam XI, 2-3
199	Ioh XII, 24
209	Rom XII, 12
213	cfr. Lc XXII, 39-46
216	cfr. Ps VI, 7
236	cfr. Mt 9, 32-33
243	Lc XVI, 10
244	Ps LIV, 13-15
258	Lc XXIV, 36; Ioh XIV, 27
264	Mt IX, 5
268	cfr. Eph V, 20; I Thes V, 18
291	Mt V, 48
296	cfr. Mt XXVII, 17-23
300	Mt VI, 24
306	cfr. Ioh VII, 1
310	Rom XIII, 14
318	I Cor IX, 24
324	Lc XIV, 30
325	cfr. Apc III, 16
326	Ps CXVIII, 120
329	Cant II, 15
342	Act I, 1
354	cfr. Mc XI, 13-14 e 20-22
360	cfr. Tob V-VIII
378	cfr. Rom VIII, 28
385	Ioh XIII, 34-35; Gal VI, 2
403	Lc I, 38

413	cfr. Ier II, 20	570	Act XII, 15
416	Ioh XV, 5	578	Rom I, 17
421	cfr. Eccli VI, 14; Mt VI, 21	580	cfr. Lc XVII, 5
422	cfr. Ioh XI, 33-36	584	Heb XIII, 8
435	Ps XVIII, 10	585	Mt XVII, 19
447	cfr. Mt XII, 36-37	586	cfr. Is LIX, 1
460	Prv XVIII, 19	588	Mc IX, 22; Lc XVII, 5
461	I Ioh III, 18	598	Lc I, 48
466	cfr. Mt VI, 3	604	II Cor XII, 10
469	Rom XVI, 15; II Cor XIII, 12; Eph I, 1; Phil I, 1	606	cfr. Mc XI, 2-7; Ioh XII, 14-16
472	Mt VI, 33	607	Mt XI, 29
482	Ps XXVI, 1 e 3	613	cfr. Is XL, 15
489	cfr. Mc XI, 23	621	Heb XIII, 17
491	Mt XIII, 55; Mc VI, 3	628	Phil II, 8
502	cfr. Ioh II, 1-11	629	Lc V, 6
504	cfr. Eccli XXIV, 24	636	Ps LI, 11
506	cfr. Ioh XIX, 26-27	653	cfr. Mt I, 18-24
507	Ioh II, 1-11 e XIX, 25; cfr. Mc XI, 1-10	663	Iac V, 13
		666	I Par XVI, 10
508	cfr. Ioh XIX, 25	670	Mt XIX, 29
510	Lc I, 38	671	Mc XIV, 61
511	Lc I, 30	694	cfr. Ioh XI, 53
512	Lc I, 38; cfr. Gal IV, 4-7	695	Mt XIII, 36; cfr. 31-33
520	Gal I, 18	699	cfr. Lc VI, 40; Mt X, 24
527	Mc XIV, 6	701	Ioh XV, 2; cfr. 1-8
536	Mt IX, 12; Mc II, 17; Lc V, 31	707	cfr. II Cor XII, 9
		712	Ps L, 19
538	I Tim VI, 15; Apc XIX, 16	715	Tob V, 13
		717	cfr. Phil IV, 13
550	II Tim II, 10	719	Ioh XI, 39-43
568	Cant V, 8	734	Lc XXII, 53
		748	I Cor III, 8; cfr. Rom II, 6
		750	cfr. Eph VI, 11-12

751	I Cor II, 9
754	Mt VII, 21
758	cfr. Mt XI, 30
759	cfr. Lc II, 14
760	Ps XXII, 1
763	Lc I, 38
766	Ioh VI, 34
779	cfr. Mc X, 29-30
781	Ioh XV, 5
785	Ps CXVII, 28
791	cfr. Mt XIX, 29
792	Lc V, 4-5
794	Lc VIII, 5
799	cfr. Mt IV, 18-22 e IX, 9; Mc I, 16-20 e II, 13-14; Lc V, 9-11 e 27-28; Act IX, 1-30
800	Mt IX, 37-38; Lc X, 2
801	Lc XII, 49
807	Mt XIX, 21-22
819	Mt XXV, 21
829	cfr. Mc XII, 41-44
841	Mc XV, 43; cfr. Ioh III, 1-15 e XIX, 38-42
842	Mt V, 16
843	Ioh VII, 10 e XXI, 4; cfr. Lc XXIV, 15-16 e Ioh XX, 14
872	cfr. Mc X, 14-16
879	cfr. II Cor XI, 30
904	Mt XXVIII, 19-20; cfr. Mc XVI, 15
906	Lc I, 33
907	Mt X, 37; Lc II, 49
912	Lc I, 38
917	Lc XXIV, 32
921	cfr. Mt V, 13; Lc XIV, 34
930	Mt VII, 22-23; I Cor IX, 27
938	cfr. Ioh XII, 24
966	Mc IX, 37-39
968	Ioh XVII, 21
972	Ps LXVII, 12
974	cfr. Ioh XII, 1-3
978	Mc I, 17
980	I Cor IX, 5
981	Lc VIII, 1-3
982	cfr. Mt XXVII, 55-56; cfr. Mc XV, 40-41; cfr. Ioh XIX, 25
984	I Sam III, 6

ÍNDICE ANALÍTICO

ABANDONO EM DEUS
113, 389, 472, 498, 659, 691, 731, 732, 760, 766-768, 853, 864, 912; nas dificuldades econômicas, 363, 481, 487; por meio da luta confiada contra os próprios defeitos, 95, 314, 719, 721, 722, 729, 733; através de Nossa Senhora, 498. Ver CONFIANÇA (em Deus), FILIAÇÃO DIVINA, INFÂNCIA ESPIRITUAL, LUTA ASCÉTICA, PROVIDÊNCIA DIVINA.

ABNEGAÇÃO
Dar-se a Deus, 186, 316, 468; dar-se aos outros, 365, 440, 468; esquecimento próprio, 331, 684; sacrifício por Amor, 175, 185, 625, 763, 834, 994. Ver CRUZ, ENTREGA, GENEROSIDADE, HUMILDADE (e esquecimento próprio), MORTIFICAÇÃO, ESPÍRITO DE SERVIÇO.

AÇÕES DE GRAÇAS
298, 521, 524, 608, 894; motivos para dar graças a Deus, 268, 434, 512, 658, 913; correspondência a Deus, 404, 693, 901, 992.

ALEGRIA
657-666; fruto da Fé,

203, 297, 657, 770, 906; fruto do abandono em Deus, 569, 758, 766, 768; fruto da generosidade, 237, 255, 308, 696, 704, 807, 992; tem as raízes em forma de Cruz, 217, 626, 658, 660, 671, 672, 692, 758; norma de sempre, 29, 260, 298, 662-666, 879; semear alegria no mundo, 548, 661, 965. Ver ENTREGA, LUTA ASCÉTICA (alegre e esportiva), MORTIFICAÇÃO, OTIMISMO.

ALMA HUMANA
131, 195, 399, 898, 914. Ver PESSOA HUMANA, VIDA HUMANA.

ALMAS DO PURGATÓRIO
571, 898, 899.

AMBIÇÕES
24, 112, 825, 874, 911, 949. Ver MAGNANIMIDADE.

AMBIENTE
Influir cristãmente no ambiente, 376, 566, 805, 850, 986; naturalidade, 379, 380, 982. Ver MUNDO.

AMIZADE
159-161, 838; amizade com Jesus Cristo, 88, 91, 421, 422, 806; apostolado de amizade, 790, 798, 807, 846, 970-977. Ver FRATERNIDADE.

AMOR
24, 74, 77, 111, 171, 212, 264, 303, 323, 381, 402, 412, *417-439*, 490, 568, 727, 743, 786, 806, 859, 898, 922, 933, 944, 967, 994, 999; amar a Deus com o coração, 111, 155-157, 161, 164, 171, 421, 878; viver de Amor, 24, 119, 303, 433, 667, 668, 727, 994, 999; amar com obras, 91, 323, 743, 813, 814, 824, 859, 933; a contrição, dor de Amor, 246, 328, 402, 436, 439, 441; Amor a Deus e mortificação, 182, 212, 215, 232, 881, 885; Amor e temor filial,

386, 435; amor e sacrifício, 165, 182, 474, 550, 651, 763, 885; atenção aos detalhes, 418, 618, 813, 814, 824; amar os outros por amor a Deus, 154, 412, 419, 424, 430; inflamar os homens no Amor de Deus, 1, 474, 790, 796, 922, 944, 967; Maria, Mãe do Amor Formoso, 492, 493, 504, 506. Ver AMOR DE DEUS, CARIDADE.

AMOR DE DEUS
417-439; Deus é caridade, 93, 417, 428, 431; o Amor de Deus Encarnado, 422, 426, 432, 437, 537, 538, 801; o Amor de Deus pelos homens, 16, 139, 244, 267, 425, 434, 875; correspondência ao Amor de Deus, 401, 420, 423, 427, 429, 529, 568, 806, 901. Ver CARIDADE, MISERICÓRDIA DIVINA, PROVIDÊNCIA DIVINA.

ANJOS
360, 511, 724, 750, 898; o anjo da guarda, 150, 562-570, 976.

APOSTOLADO
831-851, 918-924, 929--982, *960-982*. Ver APÓSTOLO.
Vocação apostólica: 904, 942; santificar o mundo, 1, 831, 833.
Fundamento do apostolado: 335, 377, 412, 857, 967; meios sobrenaturais, 105, 108, 109, 800, 833, 850, 911, 929, 937, 946, 961, 969. Ver MEIOS, VIDA INTERIOR, VIDA SOBRENATURAL.
O cristão, instrumento de Deus: 381, 475, 477, 484-486, 617, 723, 803. Ver HUMILDADE (no apostolado), INSTRUMENTOS DE DEUS.
Direito e dever de fazer apostolado: 792, 795, 942.
Zelo apostólico: 1, 399, 474, 723, 790, 791, 793, 796, 801, 812, 844, 934, 944.
Modo de fazer apostolado: através do traba-

lho, 346, 347, 372, 373, 979; afogar o mal em abundância de bem, 838; apostolado da inteligência, 978; com o exemplo e a palavra, 342, 351, 380, 795, 802, 831, 850; com "dom de línguas", 846, 917, 972, 973; na vida corrente, 376, 832, 835, 837, 970-974; na vida pública, 353, 372, 846, 975; apostolado epistolar, 976, 977; a mulher no apostolado, 980-982.

Virtudes que requer: desprendimento, 631; discrição, 619, 643, 839; humildade, 936; obediência, 614, 616, 619, 941; prestígio profissional, 371; pureza, 129; simplicidade, 351, 958; virtudes humanas, 358, 399.

Dificuldades no apostolado: 349, 363, 381, 487, 489, 928. Ver DIFICULDADES.

Eficácia apostólica, frutos: 28, 317, 697, 701, 794, 808, 837, 923, 938. Ver EFICÁCIA.

Apostolado da doutrina: 338, 411, 749. Ver DOUTRINA.

Apostolado do exemplo: 2, 19, 275, 342, 370, 380, 661, 795, 842, 916, 917, 938, 943, 944, 958. Ver EXEMPLO e TESTEMUNHO.

Apostolado "ad fidem": ver ECUMENISMO.

Unidade do apostolado: 832, 847, 940, 947, 956, 960, 962, 963, 968.

APÓSTOLO
929-959.

Todo o cristão é apóstolo, 7, 16, 24, 833, 921, 933, 942; deve ser co-redentor com Cristo, 1, 109, 687, 904, 905, 929, 967; ter ânsia de almas, zelo apostólico, 32, 315, 796, 804, 806, 810, 934; santificar-se para santificar os outros, 284, 835, 837, 930, 944, 960, 961; através do trabalho, 344, 353, 358, 359, 373, 407, 799, 832; ser alma de oração e sacrifício, 89,

105, 108, 232, 528, 937, 938, 946, 969; ser instrumento de Deus, 360, 475, 484-486, 491, 909; ser apóstolo de apóstolos, 791, 793, 803, 808, 809, 811, 920.

Virtudes do apóstolo: fé, 315, 489, 695, 785, 794, 912, 968; esperança, 19, 255, 473, 490, 660, 774, 802, 911; caridade e convivência, 412, 459, 464, 806, 839, 948, 951, 955-957; humildade, 365, 474, 830, 834, 932, 935, 959; naturalidade, 379, 840, 841, 843, 848, 939, 958; bom exemplo, 11, 342, 371, 372, 383, 411, 661, 795, 842, 943; audácia, 35, 380, 387-390, 850, 877, 982; amizade, 807, 831, 838, 846, 970-977; outras virtudes, 129, 631, 931, 936, 940, 947. Ver APOSTOLADO e TESTEMUNHO.

APÓSTOLOS

663, 799, 980; São Pedro, 470, 483, 489, 520, 570, 629, 792, 799, 802, 833, 925, 980; São Paulo, 135, 138, 310, 385, 470, 483, 550, 578, 584, 621, 748, 799, 874, 879, 925, 930, 980; São João, 125, 144, 360, 461, 799, 843, 925. Ver PRIMEIROS CRISTÃOS.

APROVEITAMENTO DO TEMPO

6, 13-15, 17, 21, 80, 253, 354-358, 911. Ver ORDEM.

ARREPENDIMENTO

436, 712, 725; contrição, 200, 244; dor de Amor, 246, 328, 403, 439, 441; com a ajuda de Nossa Senhora, 503, 506. Ver CONFISSÃO SACRAMENTAL, CONTRIÇÃO, CONVERSÃO, FRAQUEZAS, HUMILDADE (e fraquezas), REPARAÇÃO.

ATIVIDADES TEMPORAIS

Presença do cristão nas atividades temporais honestas, 376, 850; pôr Cristo no cume de todas as atividades humanas, 301, 347, 764. Ver LIBERDADE, MUNDO, TRABALHO.

AUDÁCIA
11, 24, 401-403, 479, 497, 841. Ver COVARDIA, FORTALEZA, VALENTIA.

AUTORIDADE
457, 621, 926. Ver GOVERNO, ESPÍRITO DE SERVIÇO.

CARÁTER
1-55; formação do caráter, 4, 20, 22, 38, 295, 590; firmeza, 5, 48, 54, 311, 603, 696; tenacidade, 13, 15, 21, 39, 42, 45; força de vontade, 11, 19, 23, 36, 364, 615; maturidade, 17, 41, 43, 55, 343, 427; serenidade, 8-10, 14, 25, 374, 665; seriedade, 3, 49-51; amabilidade no relacionamento social, 2, 350; magnanimidade, 7, 16, 24, 28, 52; generosidade, 1, 6, 29-32, 46, 307; veracidade, 33, 34, 37, 40, 353, 393; audácia, valentia, 12, 18, 35, 44, 401; simplicidade, 47, 53. Ver VIRTUDES e VIRTUDES HUMANAS.

CARIDADE
119, 440-469, 598, 847, 957; amor à Igreja, 518, 519; amor e sacrifício, 165, 182, 474, 550, 651, 763, 951. Ver AMOR DE DEUS.
Caridade para com Deus: "loucura de Amor", 402, 425, 438, 796, 916; agradar a Deus, 152, 182, 287, 709, 746; almas de Eucaristia, 528, 531, 534-539, 876; amor a Jesus Cristo, 111, 271, 382, 806, 857, 878; com o coração, 165, com as obras, 429, 491, 683, 930, 933; fazer tudo por Amor, 24, 215, 418, 668, 788, 813; viver de Amor, 420, 427, 433, 688, 885. Ver AMOR e PIEDADE.
Caridade para com os homens: amar os outros por Deus, 32, 280, 283, 424, 838; o "mandamento novo", 154, 385;

compreensão, 31, 198, 369, 397, 442, 443, 446, 451, 454, 463, 698; manifestações da caridade, 161, 440, 468, 469, 795; amabilidade no relacionamento social, 10, 20, 25, 44, 49, 53, 444, 883, 954; perdão das ofensas, 173, 452, 689; caridade universal e ordenada, 7, 315, 965. Ver APOSTOLADO, COMPREENSÃO, FRATERNIDADE, VERACIDADE.

CASAMENTO. Ver MATRIMÔNIO.

CASTIDADE
27, 28, 71, 118-145, 280, 337, 598; afirmação jubilosa, 123, 131, 135; meios para vivê-la, 119, 127, 128, 132, 140, 141, 511. Ver CORAÇÃO (guarda do coração), HEDONISMO, PUREZA.

CÉU
297, 428, 751-753; esperança, 139, 669, 692, 737, 738; esforço para alcançá-lo, 29, 720, 748, 754, 819; com a ajuda de Nossa Senhora, 512. Ver ESPERANÇA, VIDA ETERNA.

CIÊNCIA
282, 332, 336, 339, 340, 345, 782; "apostolado da inteligência", 338, 340, 344, 347, 467, 836, 849, 978. Ver CULTURA, ESTUDO e LEITURAS.

COISAS PEQUENAS
813-830; o seu valor, 362, 590, 755, 825, 827; a sua eficácia, 19, 776, 820-823, 828, 830; na vida interior, 272, 281, 302, 557, 590, 911, 912; na luta ascética, 204, 205, 307, 329, 410, 618, 681, 991; torná-las grandes pelo amor, 418, 429, 813, 814, 824, 829; a santidade nas coisas pequenas, 243, 409, 614, 815-819, 826, 998. Ver TRABALHO e VIDA CORRENTE.

COMPREENSÃO
446, 454; caridade, 369, 442, 443, 451, 463; gran-

deza de coração, 7, 525, 764, 965, 966; santa intransigência, 198, 369, 387, 396-398; e humildade, 448. Ver CARIDADE (para com os homens).

COMPUNÇÃO
216, 242, 436, 503, 532, 597, 605; dor de Amor, 246, 437, 439, 441, 506, 508, 591, 861. Ver ARREPENDIMENTO, CONTRIÇÃO, FRAQUEZAS.

COMUNHÃO DOS SANTOS
312, 544-550, 997; é comunicação da vida sobrenatural, 273, 314, 315, 544, 546, 547, 549, 571, 898, 899; unidade, 464, 545, 548, 960.

COMUNHÃO SACRAMENTAL. Ver EUCARISTIA (como sacramento).

CONFIANÇA
314, 363; em Deus, 94, 168, 472-475, 733; oração confiante, 95, 113, 729, 732; no meio das dificuldades, 273, 309, 482, 483, 487, 711, 721; em Nossa Senhora, 498, 514, 721, 900. Ver ABANDONO EM DEUS, ESPERANÇA, FÉ, FILIAÇÃO DIVINA.

CONFISSÃO SACRAMENTAL
211, 309, 310, 521, 605. Ver ARREPENDIMENTO, CONTRIÇÃO, EXAME DE CONSCIÊNCIA, REPARAÇÃO.

CONHECIMENTO PRÓPRIO
4, 18, 50, 59, 63, 65, 207, 225, 283, 473, 591-593, 595, 608, 609, 686, 690, 698, 729, 731, 780, 882--884. Ver EXAME DE CONSCIÊNCIA, HUMILDADE.

CONSCIÊNCIA. Ver EXAME DE CONSCIÊNCIA.

CONTEMPLAÇÃO
279, 298, 319-321; no meio do mundo, 265-278, 283; diálogo ininterrupto, 103, 110, 145,

271, 894. Ver ORAÇÃO, PIEDADE, PRESENÇA DE DEUS.

CONTRARIEDADES
165, 647, 650, 660, 685-706, 717; provas de amor a Deus, 959; no apostolado, 363, 489; atitude diante das contrariedades, 14, 258, 268, 311, 406, 482, 686-692, 696-698, 900, 986. Ver DIFICULDADES.

CONTRIÇÃO
dor de Amor, 200, 242, 246, 330, 436, 439, 897. Ver ARREPENDIMENTO, CONFISSÃO SACRAMENTAL, HUMILDADE, REPARAÇÃO.

CONVERSÃO
285, 298, 675, 725, 914; retificar, 244, 254, 257, 290, 326, 352, 714, 985; começar e recomeçar, 292, 404, 405, 516, 711, 712, 719; com a ajuda Nossa Senhora, 492, 493, 495, 513, 514. Ver CONTRIÇÃO e EXAME DE CONSCIÊNCIA.

CORAÇÃO
146-171, 477, 490, 726; ter coração: 102, 162, 769; coração magnânimo, 7, 315, 525, 764, 912, 963, 965, 966; pôr o coração em Deus, 145, 146, 163, 165, 421; purificação dos afetos, 130, 147. Ver CARIDADE, FRATERNIDADE, PIEDADE.
Guarda do coração: 140, 147, 149, 150, 158-160, 164, 183, 188, 504. Ver CASTIDADE e PUREZA.

CORREDENÇÃO
O cristão deve corredimir com Cristo, 550, 764, 796, 801, 811, 831, 904, 982. Ver APOSTOLADO, CRUZ, MORTIFICAÇÃO.

COVARDIA
18, 33, 35, 54, 132, 169, 348, 483, 714, 792, 828, 841, 903. Ver AUDÁCIA, VALENTIA.

CRITÉRIO
33, 384, 449, 908, 936; pedir conselho para formar o próprio crité-

rio, 26, 33, 59-63, 266, 332-340, 345-347; com prudência e justiça, 372, 384, 400, 407, 449, 485, 589, 642, 655, 702; com fortaleza e temperança, 349, 369, 603, 610, 676, 677, 703, 717; critério sobrenatural, 344, 353, 386, 565, 579, 584, 585, 608, 658. Ver CARÁTER e PRUDÊNCIA.

CRUCIFIXO
178, 277, 302, 470, 556, 775, 811; devoção pelas Chagas de Cristo, 58, 288, 555.

CRUZ
151, 474, 929; aceitação jubilosa da Cruz, 182, 204, 213, 219, 230, 690, 758, 885, 989; amor à Santa Cruz, 178, 234, 718, 726, 873; calúnias e incompreensões, 478, 479, 491, 642, 647, 650, 688, 690; caminho para a glória celestial, 969; o Crucifixo, 178, 277, 302, 470, 775, 811; estar pregado com Cristo na Cruz, 58, 163, 288, 497, 699; consideração da Cruz, 503, 506, 508, 509, 556; sinal certo da benevolência divina, 710; sacrifício e mortificação, 48, 173, 175, 182, 186, 223; tribulação, 12, 14, 165, 201, 209, 404-406, 482, 485, 487, 685-706, 720-722, 955, 956. Ver CORREDENÇÃO, MORTIFICAÇÃO e PENITÊNCIA.

CULTO DIVINO
530, 543. Ver MISSA, LITURGIA.

CULTURA
134, 332, 340, 345, 347. Ver CIÊNCIA, ESTUDO, LEITURAS.

DEFEITOS
375, 389, 473. Ver FRAQUEZAS.

DEMÔNIO
149, 236, 384, 413, 551, 567, 572, 576, 708, 724, 750, 924, 930, 931. Ver TENTAÇÕES.

ÍNDICES

DESAGRAVO
246, 269, 272, 288, 402, 436, 532, 897; reparação, 112, 182, 413, 527, 690, 861, 886; expiação, 210, 215, 216, 219, 222, 234, 242; acompanhando Nossa Senhora, 503, 506. Ver EXPIAÇÃO, REPARAÇÃO.

DESCANSO
357, 706, 723.

DESPRENDIMENTO
189, 722, 726; das pessoas, 147-161, 678, 689, 741; dos bens da terra, 152, 670, 676, 677, 786, 791, 938; o exemplo de Jesus Cristo, 151; manifestações de desprendimento, 770. Ver POBREZA.

DEVOÇÕES
551-574; à Santíssima Trindade, 786; ao Crucifixo, 302, 542; devoções marianas, 272, 276, 500, 501,505; terço, Santo Rosário, 558; aos Anjos da Guarda, 150, 562-570, 976. Ver ANJOS, CRUZ, EUCARISTIA, JESUS CRISTO, ROMANO PONTÍFICE, SÃO JOSÉ, SANTÍSSIMA TRINDADE, NOSSA SENHORA.

DIFICULDADES
12, 20, 59, 164, 170, 311, 480; sentido sobrenatural das dificuldades, 474, 482, 691, 699; fé e confiança para superá-las, 363, 479, 489, 697; amor e audácia, 476; contamos com o auxílio de Nossa Senhora, 492, 493, 504, 513-516; dificuldades subjetivas, 59. Ver APOSTOLADO (dificuldades), CONTRADIÇÕES, DEFEITOS, TENTAÇÕES.

DIREÇÃO ESPIRITUAL
56-80; obra do Espírito Santo, 57, 58, 62, 756; o sacerdote como instrumento, 66, 67, 72, 74, 463; ajuda essencial para a luta interior, 76-80; exigência, 158, 166, 231, 233, 361; sinceridade na direção espiritual, 64, 65, 305, 444, 862;

obediência e docilidade à graça, 56, 59, 60, 63, 339, 715; escrúpulos, 259, 261, 262. Ver DOCILIDADE, GOVERNO, SINCERIDADE.

DIREITOS E DEVERES
331, 407, 484; cumprimento do dever, 21, 36, 44, 162, 362, 549, 603, 772, 815, 825, 994; deveres sociais, 35, 372; dever de respeitar a boa fama alheia, 55. Ver FAMÍLIA CRISTÃ, JUSTIÇA, SOCIEDADE CIVIL e TRABALHO.

DOCILIDADE
871; aprender a obedecer, 377, 715; docilidade à graça, 56; docilidade de instrumentos, 475, 612, 617; no apostolado, 614, 616. Ver DIREÇÃO ESPIRITUAL, GRAÇA DIVINA (correspondência), OBEDIÊNCIA.

DOENÇA
98, 419, 706. Ver CRUZ.

DOR
194, 203, 208, 213, 217, 219, 256, 439, 690, 718, 898; sentido cristão da dor, 169, 209, 229, 234. Ver CRUZ.

DOUTRINA
Formação doutrinal, 338, 384; piedade e doutrina, 411; não transigir naquilo que é de fé, 349, 387, 393, 395, 397. Ver APOSTOLADO (da doutrina), FÉ, FORMAÇÃO DOUTRINAL, LEITURAS, VERACIDADE.

ECUMENISMO
764.

EFICÁCIA
28, 317. Ver APOSTOLADO (eficácia apostólica, frutos).

EGOÍSMO
28-31, 364, 458. Ver HUMILDADE (e esquecimento próprio).

ENDEUSAMENTO BOM
274, 283.

ENTREGA

909; dedicação a Deus, 218, 299, 316, 364, 420, 907, 946; generosidade, 30, 39, 155, 186, 413, 468, 797, 902; liberdade e entrega, 704; correspondência, 242, 255, 903, 984; espírito de serviço, 440; entrega do coração, 145, 146, 153, 164, 166, 167, 170, 477; o exemplo de Nossa Senhora, 506-508, 511, 512; frutos da entrega, 154, 476, 810. Ver FIDELIDADE, LIBERDADE e VOCAÇÃO (fidelidade à vocação).

ESCÂNDALO

349, 370, 400, 411, 596. Ver EXEMPLO.

ESCRÚPULOS

140, 258-264, 349, 536, 539, 724. Ver DIREÇÃO ESPIRITUAL.

ESMOLA

466-468, 636, 638.

ESPERANÇA

582, 727, 968; apesar das próprias fraquezas, 264, 473, 482; na luta interior, 12, 152, 483, 715, 725-727; esperança no Céu, 139, 182, 428, 668, 720, 737, 738, 748; esperança em Jesus Cristo, 95, 422, 426, 584, 914; Santa Maria, Esperança nossa, 493, 515. Ver CONFIANÇA (em Deus) e VIDA ETERNA.

ESPÍRITO CRÍTICO

49, 52, 53, 343, 442-449, 451-457, 675, 777, 820, 945. Ver RETIDÃO DE INTENÇÃO.

ESPÍRITO DE SERVIÇO

289, 293, 300, 334, 336, 364, 413, 519, 669, 905; dar-se aos outros, 385; espírito de serviço, 440; esquecimento próprio, 331; servir com alegria, 906. Ver ABNEGAÇÃO.

ESPÍRITO SANTO

Consolador, 130, 760; atividade na alma, 58, 62, 273, 599, 852; devoção ao Espírito Santo, 57. Ver GRAÇA DIVINA e SANTÍSSIMA TRINDADE.

ESTUDO
332-359. Ver CULTURA, FORMAÇÃO, LEITURAS e TRABALHO.

EUCARISTIA
87, 438.
Como Sacrifício: ver MISSA.
Como Sacramento: comunhão eucarística, 117, 532, 534-536, 539, 710, 896, 898.
Presença real: 537, 538, 554, 843; loucura de Amor, 432.
Vida eucarística: ação de graças, 896; comunhões espirituais, 540; o Sacrário, 269, 270, 322, 444, 537, 538, 554, 569, 876, 898; piedade eucarística, 529, 531, 541, 543; visitas ao Santíssimo, 537, 554. Ver CULTO DIVINO, LITURGIA.

EVANGELHO
296, 362, 416, 470, 583, 586, 807, 921; leitura do Santo Evangelho, 2; parábolas, 585, 695, 701, 938.

EXAME DE CONSCIÊNCIA
235-246; modo de fazê-lo, 246; necessidade, 235, 244; humildade e sinceridade, 33, 236, 237; exame particular, 205, 238, 240, 241; espírito de exame, 239, 245, 772. Ver CONTRIÇÃO, CONFISSÃO SACRAMENTAL e REPARAÇÃO.

EXEMPLO
2, 275, 370, 626, 661; dar bom exemplo, 275, 370, 380, 411, 491, 596, 795, 943; testemunho cristão, 197, 342, 371, 372, 376, 831, 842, 938; no cumprimento do dever, 362, 640, 687, 995; porte exterior, 3, 47, 161, 350-352.

EXEMPLOS GRÁFICOS
Abrem-se muitas flores na primavera, 987; acudir nu à contenda, 149; andar com pernas de pau, 869; anzol de pescador, 372; avaro, mãe, ambicioso, pobrezinho sen-

sual, 316; aventureiro, 708; barco que empreende viagem, 248; burrinho, 998; cabo capaz de levantar pesos enormes, 480; caçar as pequenas raposas, 329; canteiro (talhador de pedra), 756; cartas do baralho, 462; contabilidade de um negócio, 235; costurar com agulha sem linha, 967; criança que quebra um objeto, 887; crianças que não querem tomar o remédio amargo, 899; detrás de uma montanha, outra ainda, 928; diálogo entre criança e pai, 897; dor de dentes no coração, 166; duas velas acesas, 724; espetar os pregos pela ponta, 845; esporão de aço, 615; fogo fátuo, 412; fogos de artifício, 247; folhas caídas, 736; garotinho à procura de gulodices, 896; gerador de eletricidade espiritual, 837; grão de trigo, 199; lama nas asas, 991; lançar o trigo dourado, 834; lavrador, 211; maça de aço almofadada, 397; manhas de cachorrinho de colo, 858; "máquina" do trabalho apostólico, 957; mística do oxalá, 776, 822, 832, 837; mola comprimida, 12; monte de carvão e punhado de diamantes, 908; olimpíada sobrenatural, 822; ônibus, 897; pedra caída no lago, 831; pequeno parafuso de uma grande máquina, 830; pincel nas mãos do artista, 612; plantas cobertas pela neve, 294; posto de socorro, 361; primeiro passo das crianças, 900; quadro de Velázquez, 624; queda de uma pessoa idosa, 870; semeador, 794; serrote do carpinteiro e pinças de cirurgião, 484; tamanho das sementes, 820; vide e sarmentos, 701; voar como as águias, 7.

EXPIAÇÃO
210, 215, 221, 222, 234, 424, 946. Ver PENITÊNCIA, REPARAÇÃO.

FÉ

40, 497, 575-588, 598, 727, 968.

Natureza e necessidade: 585, 586, 667; nos momentos de dificuldade, 142, 378, 474, 588; obstáculos à fé, 576, 578, 587; na Sagrada Eucaristia, 269, 531, 532, 537, 538, 554, 876.

Fortaleza na fé: 380, 393, 394, 581.

Fé operativa: 317, 489, 577, 579, 583, 585-588; vida de fé, 40, 274, 575, 578, 582. Ver DOUTRINA e VIRTUDES.

FIDELIDADE

137, 514; à Igreja, 519, 836; aos compromissos de cristão, 377; fidelidade nas coisas pequenas, 243, 813, 819; fidelidade e esperança, 413, 472, 478, 706; a ajuda de Deus, 321, 730. Ver PERSEVERANÇA, VOCAÇÃO, VOCAÇÃO CRISTÃ.

FILIAÇÃO DIVINA

265, 274, 326, 435, 440, 669, 739, 779, 860, 870, 919; fundamento da vida espiritual, 721, 722, 867, 870; abandono em Deus e infância espiritual, 267, 389, 853, 864, 871; alegria de filhos de Deus, 659, 768, 873, 879; esperança, confiança, 669, 739, 746, 867, 880, 881, 884, 886, 892, 894; oração dos filhos de Deus, 93, 115, 246, 874, 896.

Ver ABANDONO EM DEUS, INFÂNCIA ESPIRITUAL e PIEDADE.

FIRMEZA

44, 48, 144, 193, 194, 295, 343, 615; necessária para a santidade, 20, 22, 123, 696, 853-855, 858, 877, 888; e para o apostolado, 19, 54, 610, 833, 850; o exemplo de Nossa Senhora, 507, 508, 982. Ver FORTALEZA.

FORMAÇÃO DOUTRINAL

360-386; a sua necessidade, 26, 344, 367, 376,

377, 382, 756; critério, 305, 384, 400, 407, 603; para o apostolado, 346, 347, 349, 370, 371, 379, 380, 921. Ver DOCILIDADE, DOUTRINA.

FORMAÇÃO PROFISSIONAL
332-334, 336, 339, 344, 372, 467; por meio das virtudes humanas, 350-352, 877, 947; para o apostolado, 338, 340, 342, 345-347. Ver ESTUDO e TRABALHO.

FORTALEZA
4, 5, 11, 12, 19, 20, 22, 48, 54, 144, 193, 227, 381, 508, 556, 610, 728, 855, 856. Ver AUDÁCIA, COMPREENSÃO, PACIÊNCIA, SERENIDADE, VALENTIA.

FRACASSOS
404-406, 415, 691, 699. Ver HUMILDADE e ESPERANÇA.

FRAQUEZAS
202, 262, 263, 406, 446, 462, 879, 880, 995; amor e misericórdia divinos, 309, 431, 884, 887; Deus conta com nossos defeitos, 475; humildade, esperança em Deus, 416, 932. Ver DEFEITOS, HUMILDADE.

FRATERNIDADE
53, 365, 366, 444, 447, 460-462, 480, 549, 955, 956; caridade, carinho, 31, 443, 448, 458, 948; e espírito de serviço, 385, 440; amabilidade no relacionamento social, 55, 390, 469. Ver VOCAÇÃO CRISTÃ e CARIDADE (para com os homens).

FRIVOLIDADE
17, 18, 41, 42, 374, 939; remédios para a frivolidade, 13, 50, 333, 343, 375, 564, 590.

GENEROSIDADE
Para com Deus, 29, 30, 39, 155, 186, 202, 325, 468, 776, 834; no serviço aos outros, 31, 32,

452, 466, 468, 918. Ver ABNEGAÇÃO, DESPRENDIMENTO, ENTREGA, SERVIÇO.

GLÓRIA DE DEUS
227, 252, *779-789.* Ver HUMILDADE (e glória de Deus).

GOVERNO
10, 352, 371, 372, 383, 621, 949-951, 963. Ver AUTORIDADE, CRITÉRIO, DIREÇÃO ESPIRITUAL, ESPÍRITO DE SERVIÇO.

GRAÇA DIVINA
457, 715, 778, 856, 857, 901, 965.
Natureza e efeitos: fortaleza e ajuda da graça, 324, 434, 707, 717, 897; luzes divinas, 580; origem de todos os bens, 286; ação na alma, 64, 260, 463. Ver ESPÍRITO SANTO, FILIAÇÃO DIVINA, MEIOS, SANTIDADE. *Correspondência à graça*: 242, 362, 386, 807, 833, 965. Ver ENTREGA, FIDELIDADE, VOCAÇÃO.

GUARDA DOS SENTIDOS
183, 184, 214, 222, 231, 281; recolhimento, 283, 288, 304, 368, 375. Ver PUREZA.

GULA
126, 196, 679-682. Ver TEMPERANÇA.

HEDONISMO
121, 124.

HUMILDADE
43, 51, 118, 200, 201, 212, 459, *589-613,* 620, 684, 728. Ver SOBERBA.
Natureza e necessidade: 726-727; recorrer à ajuda de Deus, 16, 602, 611; humildade e caridade, 418, 430, 446. Ver SANTIDADE.
Humildade e glória de Deus: 252, 590. Ver GLÓRIA DE DEUS, RETIDÃO DE INTENÇÃO.
Humildade e conhecimento próprio: 45, 50, 207, 283, 473, 589, 591-593, 595, 597, 600, 608, 609, 698, 731. Ver

CONHECIMENTO PRÓPRIO, EXAME DE CONSCIÊNCIA.

Humildade e fraquezas: 211, 260, 264, 485, 596, 599, 604, 605, 711, 712, 882. Ver CONTRIÇÃO, FRAQUEZAS, LUTA ASCÉTICA.

Humildade e esquecimento próprio: 177, 207, 331, 364, 602, 726, 729, 777, 780, 784; ocultar-se e desaparecer, 48, 410, 507, 509, 510, 590, 835, 840, 843, 848, 959. Ver VIDA CORRENTE.

Humildade de quem se sabe instrumento de Deus: 475, 477, 484-486, 612, 617, 803. Ver APOSTOLADO e INSTRUMENTOS DE DEUS.

Frutos: 607. Ver EFICÁCIA.

Valor das humilhações: 165, 589, 594, 698, 771.

IDEAIS
426, 493, 644, 830, 910, 987, 995. Ver MAGNANIMIDADE.

IGREJA
517-527, 750; unidade, 517; missão, 904, 906; fidelidade e amor à Igreja, 338, 517-519, 521, 526, 576; as dificuldades na vida da Igreja, 685, 836. Ver COMUNHÃO DOS SANTOS e ROMANO PONTÍFICE.

INCOMPREENSÕES
491, 643, 647, 650, 688, 697, 964.

INDECISÃO
237, 300, 316, 797, 902, 910, 995; fé e decisão, 1, 515, 757, 798, 964, 985.

INFÂNCIA ESPIRITUAL
55, 267, 697, *852-901*; humildade e abandono nas mãos de Deus, 389, 853, 864, 871, 882; piedade de criança, 553, 859, 876; simplicidade e audácia, 153, 403, 857, 862, 865, 868, 874, 887, 893, 896; vida de infância, 389, 626, 854, 875--901. Ver FILIAÇÃO DIVINA, SIMPLICIDADE e VIDA CORRENTE.

INFERNO
141, 749, 750, 833. Ver CÉU e NOVÍSSIMOS.

INJUSTIÇA
36, 46, 672, 673, 688, 691, 694, 695.

INSTRUMENTOS DE DEUS
381, 475, 477, 484-486, 612, 617, 723, 803. Ver APOSTOLADO.

INTRANSIGÊNCIA SANTA
198, 369, 387, 393-400, 407, 850.

IRA
8-10, 20, 25, 654, 656, 698. Ver FORTALEZA e PACIÊNCIA.

JACULATÓRIAS
269, 272; «adauge nobis fidem!», 588; «cor contritum et humiliatum, Deus, non despicies», 712; «Deo omnis gloria», 780; «Dominus regit me et nihil mihi deerit», 760; «ecce ego quia vocasti me!», 984; «frater qui adjuvatur a fratre quasi civitas firma», 460; «inter medium montium pertransibunt aquae», 12; «omnes cum Petro ad Jesum per Mariam», 833; «omnia possibilia sunt credenti», 588; «serviam», 493; «si consistant adversum me castra, non timebit cor meum», 482; «sine me nihil», 781; «sine me nihil potestis facere!», 416; «ut omnes unum sint!», 968. Ver PRESENÇA DE DEUS.

JESUS CRISTO
31, 155, 168, 212, 229, 299, 382, 491, 584, 687. *Natividade e vida oculta*: 94, 533, 557. Ver VIDA CORRENTE.
Paixão e Morte: 299, 437; contemplar a Paixão, 213, 296, 556, 628, 671; Cristo na Cruz, 58, 503; devoção às suas chagas, 58, 151, 288, 555, 884; morte e sepultura, 841. Ver CRUZ e REDENÇÃO.
Glorificação: 584.
Humanidade Santíssima do Senhor: 321, 432; a

Jesus por Maria, 276, 492, 495, 513, 514, 711, 833; é o nosso Modelo, 271; relacionamento confiado com o Senhor, 105, 303, 421, 422, 731, 732, 882.
Coração Sacratíssimo de Jesus: 230, 259, 422, 769, 884.
Realeza de Cristo: 301, 426. Ver ATIVIDADES TEMPORAIS, MUNDO.
Identificação com Cristo: 154, 271, 310, 416, 699, 947. Ver VIDA INTERIOR, VIDA SOBRENATURAL.

JUÍZO FINAL
168, 431, 745-748, 930. Ver INFERNO, CÉU e VIDA ETERNA.

JUSTIÇA
46, 309, 400, 431, 450, 672, 673, 747. Ver CARIDADE, DEVERES E DIREITOS, FIDELIDADE, VERACIDADE.

LABORIOSIDADE
17, 23, 334, 336, 340, 348, 358. Ver APROVEITAMENTO DO TEMPO, ESTUDO, ORDEM e TRABALHO.

LAICISMO
388; perseguição à Igreja, 685, 836.

LEALDADE. Ver FIDELIDADE.

LEITURA ESPIRITUAL
116, 117. Ver ORAÇÃO.

LIBERDADE
159, 160, 170, 214, 293, 761, 762; na vida espiritual, 947; liberdade e entrega, 704. Ver ATIVIDADES TEMPORAIS.

LITURGIA
86, 522-524, 527; Santa Missa, 530, 543. Ver CULTO DIVINO, MISSA.

LIVROS
339, 467.

LUTA ASCÉTICA
307, 707-733, 788.
Necessidade e objetivos: frutos, 308; a santidade é

luta, 127, 164, 306, 308; meios, 149, 272, 404, 493, 707, 716. Ver EXAME DE CONSCIÊNCIA, SANTIDADE, TENTAÇÕES e TIBIEZA.

Alegre e esportiva: 318, 720; começar e recomeçar, 264, 292, 404, 405, 516, 711, 712. Ver ALEGRIA e OTIMISMO.

Humilde e confiada: 138, 712, 719, 724; com a ajuda de Nossa Senhora, 492, 493, 504, 513-516, 721. Ver FRAQUEZA e HUMILDADE.

Constante e forte: 253, 254, 313, 364, 722, 991; cansaço na luta, 478, 723, 988; perseverança, 433, 479, 730, 832, 983, 990, 991, 993, 995. Ver FORTALEZA, PACIÊNCIA, PERSEVERANÇA.

Na vida corrente: 205, 206, 709. Ver VIDA CORRENTE.

MAGNANIMIDADE
7, 16, 24, 28, 52, 527, 636; ambições nobres, 112, 525, 825, 874, 911, 912. Ver IDEAIS.

MANSIDÃO
4, 8-10, 20, 25, 654, 656, 671, 698.

MATRIMÔNIO
26-28, 120, 360.

MATURIDADE HUMANA E SOBRENATURAL
2-4, 17, 18, 41-43, 49-51, 55, 295, 837. Ver CARÁTER, CRITÉRIO e VIRTUDES.

MEIOS
404, *470-491*, 716; sobrenaturais, 305, 324, 470, 471, 474, 802, 833, 850, 929, 946, 961; meios econômicos e materiais, 363, 466, 474, 481, 487, 488. Ver APOSTOLADO, DESPRENDIMENTO, POBREZA.

MILAGRES
362, 376, 462, 583, 586, 588, 629.

MISSA
528-543, 997; amor à Santa Missa, 528, 533;

celebração da Missa, 529, 530, 543; Comunhão eucarística, 117, 532, 534-536, 539, 710, 896, 898; piedade sacerdotal, 531. Ver EUCARISTIA.

MISERICÓRDIA DIVINA
309, 431, 711, 747, 914. Ver AMOR DE DEUS.

MORTE
601, 735-744; não ter medo à morte, 735, 737-739. Ver JUÍZO FINAL e VIDA ETERNA.

MORTIFICAÇÃO
172-207, 280.
Natureza e necessidade: 172, 175, 182, 185, 191, 204, 223; para alcançar a santidade, 187, 189; para combater as tentações, 196; para o apostolado, 192, 199, 938, 946; para guardar a santa pureza, 143, 183, 188; para tornar a vida mais agradável aos outros, 179, 198.

Mortificação interior: 173, 174, 181, 190; da inteligência, 177; da língua, 5, 443-445, 447-449, 453, 455, 491, 564, 627, 639, 640, 644-646, 648, 654, 656, 671, 672, 674.
Mortificação corporal: dos sentidos, 181, 183, 184, 195, 288, 946; nas refeições, 205, 231, 681.
Mortificações habituais: 307. Ver APOSTOLADO, COISAS PEQUENAS, CRUZ, MEIOS (sobrenaturais), TEMPERANÇA e PENITÊNCIA.

MUNDO
432, 676, 848; amor ao mundo, 939; influir cristãmente no mundo, 347, 353, 376, 946; a santificação do mundo, 1, 112, 764, 831, 911, 928; crise do mundo atual, 301, 832. Ver ATIVIDADES TEMPORAIS, PECADO e SOCIEDADE CIVIL.

NATURALIDADE
376, 379, 380, 440, 499, 639-656. Ver VIDA CORRENTE.

NORMAS DE PIEDADE
377, 986. Ver PLANO DE VIDA.

NOSSA SENHORA
492-516.
Vida e prerrogativas de Maria Santíssima: Anunciação, 510-512; cheia de graça e de perfeições, 268, 269, 496; Maternidade divina, 499, 506; Mãe dos homens, 497, 498, 501, 504, 506, 512, 515, 516, 884; Mediadora de todas as graças, 493, 516; Mestra de amor a Deus, 504; Modelo de humildade, 507, 598; o Coração dulcíssimo de Maria, 506; relações com a Santíssima Trindade, 496.
Devoção a Nossa Senhora: 272, 500, 501, 505, 898; a Jesus por Maria, 276, 492, 495, 513, 514, 711, 833; Esperança nossa, 493, 515; Maria e a vida interior, 272, 288, 492, 498, 502, 509, 721, 884, 900; a sua ajuda no apostolado, 515; Santo Rosário, 558.

NOVÍSSIMOS. Ver CÉU, INFERNO, JUÍZO FINAL, MORTE, PURGATÓRIO e VIDA ETERNA.

OBEDIÊNCIA
614-629, 706; natureza e necessidade, 56, 259, 333, 383, 457, 622, 624; características: 617, 620, 621, 625, 627; no apostolado: 614, 616, 619, 941, 952; eficácia: 315, 623, 629, 715. Ver DIREÇÃO ESPIRITUAL, DOCILIDADE, FÉ, FORMAÇÃO.

ORAÇÃO
81-117, 145, 172, 222, 271, 307, 335, 337, 451, 574, 663, 825, 946, 997. Ver CONTEMPLATIVOS e PRESENÇA DE DEUS.
Necessidade da oração: 81, 89, 106, 107, 109, 266, 304, 937, 946; eficácia, 82, 83, 93, 95, 98, 101, 255, 547, 800, 968.
Características: audácia e infância espiritual, 111, 115, 303, 402, 403, 888, 892, 894, 895; confiada, 88, 94, 890; humil-

de e perseverante, 100, 101, 104, 142, 502; viva e operativa, 103, 105, 108; litúrgica, 86, 87, 522-524.
Oração mental: consolações e aridez, 92, 99, 100, 110, 889, 996; conteúdo da oração, 90, 91, 97, 102, 114, 116, 117, 319, 451, 891, 895; meditar a Vida de Cristo, 94, 502.
Oração vocal: 84, 85, 553, 574.
Oração de petição: 96, 142, 403, 804, 896, 911, 924, 927, 953, 990.

ORDEM
15, 76, 78-80. Ver APROVEITAMENTO DO TEMPO e VIRTUDES.

ORGULHO. Ver SOBERBA.

OTIMISMO
Na luta interior e no apostolado, 263, 404, 405, 433, 488, 692; moral de vitória, 40, 262, 391, 392, 476, 695, 988; não ter medo de nada nem de ninguém, 386-391, 482, 986; otimismo cristão, 378. Ver ALEGRIA, CONFIANÇA, ESPERANÇA, FILIAÇÃO DIVINA e PESSIMISMO.

PACIÊNCIA
10, 702, 911. Ver FORTALEZA, LUTA ASCÉTICA, SERENIDADE.

PAPA
Amor e veneração pelo Papa, 520, 573; fidelidade, 898; união com o Papa, 833.

PASSAR DESPERCEBIDO
410, 449, 635, 647, 651, 655, 832, 843, 959; vida oculta de Jesus Cristo, 94, 356, 491, 840; no apostolado, 347, 643, 649, 835, 837, 848, 908, 917, 946, 969, 970; na vida de Nossa Senhora, 499, 507, 509, 510, 653.

PAZ
62, 152, 256, 258, 308,

445, 464, 465, 607, 620, 691, 696, 705, 715, 726, 758-760, 767, 768, 777, 802, 837, 894, 927. Ver ALEGRIA, COMPREENSÃO, LUTA ASCÉTICA, OTIMISMO e SERENIDADE.

PECADO
141, 296, 386, 662, 708, 880; aversão ao pecado, 286, 357, 435, 437, 734, 749; tentações e luta ascética, 127, 132--142, 167, 307, 713-716, 879, 992; os pecados veniais, 327-331, 828; penitência, 197, 211, 402, 532, 596, 671, 861, 886; perdão dos pecados, 211, 267, 309, 310, 452, 686, 884, 887, 985; usar os próprios pecados para ganhar humildade e confiança em Deus, 200, 260-264, 536, 711, 712, 719, 865, 870, 991; vencê-los com a ajuda de Nossa Senhora, 493, 495, 498, 503, 506, 516. Ver ARREPENDIMENTO, CONFISSÃO SACRAMENTAL, CONTRIÇÃO e TENTAÇÕES.

PENITÊNCIA
208-234; virtude da penitência, 200, 211-213, 232, 870, 884, 886; espírito de penitência, 169, 197, 218, 224, 548, 550, 701, 946, 989; arrependimento e expiação, 182, 210, 215--219, 221, 222, 234, 861, 929, 969; mortificação e penitência, 196, 202, 208, 209, 214, 223-231, 233, 885, 938; Nossa Senhora junto da Cruz, 503, 506, 508. Ver CONFISSÃO SACRAMENTAL, MORTIFICAÇÃO e REPARAÇÃO.

PEQUENAS COISAS. Ver COISAS PEQUENAS.

PERDÃO
267, 309, 441, 446, 452, 686, 689, 887. Ver CARIDADE (para com os homens) e COMPREENSÃO.

PERSEVERANÇA
982-999; empenho, 39, 285, 434, 730, 924, 927, 987, 998; caminho de santidade, 255, 300, 644,

709, 910, 934, 965, 985; com fé e esperança, 485, 581, 695, 825, 882, 983, 993; por amor, 413, 519, 813, 994, 999; começar e recomeçar, 257, 290, 292, 711, 990-992; fortaleza na luta, 44, 45, 478, 482, 822, 988, 995, 996; propósitos de perseverança, 247, 249, 251, 253, 254; últimas pedras, última batalha, 42, 324, 720, 733, 819, 823; meios para perseverar, 129, 534, 986, 997; perseverança na oração, 100, 101, 104, 552, 891, 893; com a ajuda de Nossa Senhora, 502, 513-516. Ver FIDELIDADE (à vocação), LUTA ASCÉTICA.

PESSIMISMO
52, 378, 792, 988. Ver OTIMISMO.

PESSOA HUMANA
947. Ver VIDA HUMANA.

PIEDADE
408; piedade eucarística, 529, 531, 541, 876; piedade litúrgica, 522-524, 530, 543; piedade mariana, 501, 516; imagens sagradas, 272, 501, 541, 542; no plano de vida, 272, 551; vida de piedade, 86, 269, 303, 346, 541, 574, 878, 883, 898. Ver CARIDADE (para com Deus), FILIAÇÃO DIVINA, LITURGIA e ORAÇÃO.

PLANO DE VIDA
76-78, 307, 899. Ver CONTEMPLATIVOS e NORMAS DE PIEDADE.

POBREZA
194, *630-638*, 717; espírito de pobreza, 519, 630-632, 635-637, 979. Ver DESPRENDIMENTO e TEMPERANÇA.

PREGUIÇA
11, 13, 21, 23, 354-358, 935; na vida interior, 325-331; no trabalho, 15, 337, 343, 348; minutos heroicos, 17, 78, 191, 206, 253. Ver FORTALEZA e OTIMISMO.

PRESENÇA DE DEUS
265-278, 551; como filhos de Deus, 265, 267, 274, 865, 878, 895, 897, 898; contemplativos no meio do mundo, 103, 110, 268, 271, 279, 283, 894; no trabalho, 277, 302, 359, 545, 778; na vida corrente, 110, 266, 269, 270, 772, 815, 884; meios, expedientes humanos, 272; não estamos sós, 267, 273. Ver CONTEMPLATIVOS, JACULATÓRIAS, CORAÇÃO e PIEDADE.

PRIMEIROS CRISTÃOS
376, 469, 799, 802, 843, 925, 971, 980-982. Ver APÓSTOLOS.

PROPÓSITOS
176, *247-257*; concretos, 247, 249, 298. Ver EXAME DE CONSCIÊNCIA e LUTA ASCÉTICA.

PROSELITISMO
28, 412, 477, *790-812*. Ver APOSTOLADO.

PROVIDÊNCIA DIVINA
851. Ver ABANDONO EM DEUS e CONFIANÇA (em Deus).

PRUDÊNCIA
40, 251, 401, 454, 479, 851. Ver CRITÉRIO e REALISMO.

PUREZA. Ver CASTIDADE e CORAÇÃO.

PURIFICAÇÃO
58, 216, 219; das intenções, 212, 784, 789; do coração, 158, 163. Ver REPARAÇÃO.

REALISMO
13, 40, 363, 471, 488, 688, 706, 845; na vida interior, 247, 249, 253, 289, 815, 817, 820-827; e experiência, 405, 468, 689, 702, 828. Ver CRITÉRIO e PRUDÊNCIA.

RECOLHIMENTO
184, 281, 283, 294, 304, 319, 368, 375. Ver CONTEMPLATIVOS e PRESENÇA DE DEUS.

ÍNDICES

REDENÇÃO
11, 301. Ver CORREDENÇÃO, CRUZ e JESUS CRISTO.

REPARAÇÃO
182, 232, 288, 402, 861, 897. Ver CONTRIÇÃO, PECADO e REDENÇÃO.

RESPEITOS HUMANOS
185, 353, 387-392, 466, 491, 541, 688, 787; audácia, 401, 479, 482, 841. Ver AUDÁCIA.

RESPONSABILIDADE
Pela própria santidade, 248, 830; pela santidade dos outros, 831, 944; no trabalho apostólico, 935; no trabalho, 334, 994. Ver APOSTOLADO, SANTIDADE e TRABALHO.

RETIDÃO DE INTENÇÃO
10, 109, 271, 331, 490, 649, 700, 710, 826, 945; procurar a glória de Deus, 252, 287, 472, 481, 693, 779, 780, 782-784, 786-788; fazer tudo por Amor, 24, 161, 215, 418, 788, 813; no apostolado, 32, 478, 918. Ver APOSTOLADO, GLÓRIA DE DEUS, HUMILDADE e TRABALHO.

ROMANO PONTÍFICE.
Ver PAPA.

SACERDOTES
68-75, 98, 291, 444, 526, 532, 638.
Características da vocação sacerdotal: o sacerdote, outro Cristo, 66, 67.
Ministério sacerdotal: celebração do Santo Sacrifício, 530, 543. Ver MISSA.
Piedade sacerdotal: 72, 531.
Rezar pelos sacerdotes: 72, 898.

SACRAMENTOS
124, 337, 521, 997. Ver CONFISSÃO SACRAMENTAL, EUCARISTIA, MATRIMÔNIO e SACERDÓCIO.

SACRIFÍCIO
48, 182, 185, 186, 474, 550, 647, 651, 953, 997. Ver APOSTOLADO (fundamento), CRUZ, ENTREGA e MORTIFICAÇÃO.

SAGRADA FAMÍLIA
653. Ver NOSSA SENHORA e SÃO JOSÉ.

SANTIDADE
387-416.
Chamada universal à santidade: 291, 301, 323, 327.
Características: desejos de santidade, 250, 284, 289, 320; é obra de Deus, 57, 58, 273, 475, 534; a Cruz, sinal de santidade autêntica, 710; parecer-se com Jesus Cristo, 271, 310, 382, 416, 687, 947; santidade e caridade, 174, 402, 469, 933; santidade e luta ascética, 282, 285, 290, 318, 444.
Condição de eficácia: Deus atua através do homem humilde, 712; a fecundidade de ser fiel, 346, 833; santidade pessoal e apostolado, 275, 837, 921, 930, 946, 961, 967.
Meios para adquiri-la: 387, 941, 997.
Na vida corrente: cada qual no seu lugar, 62, 301, 832, 837, 926, 949; no cumprimento dos próprios deveres, 21, 44, 603, 772, 815, 817, 825, 994; no trabalho, 347; no meio do mundo, 267, 269, 270, 353; fidelidade nas coisas pequenas, 243, 272, 813-830; sem esperar que chegue a velhice, 111. Ver LUTA ASCÉTICA, SACRAMENTOS, VIDA CORRENTE e VOCAÇÃO CRISTÃ.

SANTÍSSIMA TRINDADE
786; inabitação na alma, 135; e Nossa Senhora, 496. Ver ESPÍRITO SANTO, FILIAÇÃO DIVINA, GRAÇA DIVINA e JESUS CRISTO.

SANTO PADRE. Ver PAPA.

ÍNDICES

SANTO ROSÁRIO
558. Ver NOSSA SENHORA.

SANTOS
133, 143, 146, 164, 469, 470, 483, 874, 947. Ver APÓSTOLOS.

SÃO JOSÉ
Mestre de vida interior, 560, 561; devoção a São José, 559.

SENHORIO CRISTÃO
19, 295. Ver TEMPERANÇA.

SERENIDADE
3, 8-10, 25, 374, 465, 702, 760. Ver ABANDONO EM DEUS, FORTALEZA e PROVIDÊNCIA DIVINA.

SERVIÇO. Ver ESPÍRITO DE SERVIÇO.

SILÊNCIO
281, 304, 509, 627, 639, 640, 674; nas contrariedades, 491, 671, 672; e discrição, 641-650, 652, 653, 655; e caridade, 443-449, 453, 455, 456, 654, 656, 839.

SIMPLICIDADE
43, 47, 259, 305, 379, 553, 868, 932, 952, 958. Ver INFÂNCIA ESPIRITUAL e NATURALIDADE.

SINCERIDADE
33, 34, 37, 932; na direção espiritual, 64, 65, 259, 862, 868. Ver SIMPLICIDADE e VERACIDADE.

SOBERBA
413, 485, 599-601, 611, 683, 780-783; manifestações, 25, 31, 48, 119, 200, 260, 351, 620, 698; luta contra a soberba, 177, 589, 602, 612, 613, 677, 709, 784, 949. Ver HUMILDADE.

SOCIEDADE CIVIL
Participação do cristão na vida pública, 353, 372, 846, 975; convivência e compreensão, 44, 198, 369, 443, 451, 454, 463; descristianização,

35, 975; dar sentido cristão a todos os afazeres humanos, 376. Ver ATIVIDADES TEMPORAIS, AUTORIDADE, MUNDO.

SOLIDÃO
136, 194, 304.

TEMOR DE DEUS
141, 326, 386, 435, 734, 747, 749, 752.

TEMPERANÇA
38, 126, 367, 679-682, 770. Ver CASTIDADE, DESPRENDIMENTO, GULA, MORTIFICAÇÃO e POBREZA.

TENTAÇÕES
64, 131, 133, 134, 138-140, 166, 167, 170, 384, 434, 709, 725; remédios contra as tentações, 6, 127, 132, 139, 141-143, 163, 262, 307, 493, 715, 727. Ver DEMÔNIO e LUTA ASCÉTICA.

TERÇO. Ver SANTO ROSÁRIO.

TESTEMUNHO
197, 342, 370-372, 376, 380, 916, 917, 938, 943; apostolado do exemplo, 831, 842, 944. Ver APOSTOLADO.

TIBIEZA
16, 17, 257, *325-331*, 368, 414, 492, 988. Ver CARIDADE (para com Deus), LUTA ASCÉTICA, VIDA INTERIOR e VIDA SOBRENATURAL.

TRABALHO
Natureza e necessidade: 343, 356, 697. Ver ATIVIDADES TEMPORAIS e MEIOS.
Perfeição humana e retidão de intenção: perfeição no trabalho, 307, 371; retidão de intenção, 347, 359, 788, 994; últimas pedras, 42. Ver COISAS PEQUENAS.
Santificar o trabalho: 277, 353, 359.
Meio de santificação pessoal: exercício das virtudes, 15, 343, 373, 440, 545, 825; ofereci-

mento do trabalho, 359, 866. Ver CONTEMPLATIVOS e UNIDADE DE VIDA.

Instrumento para o apostolado: 347, 353, 372, 799, 832, 979. Ver APOSTOLADO.

TRIBULAÇÃO
685-706; aproveitar o seu valor, 201, 208, 219, 230, 308, 696, 701, 726, 727; contrariedades, 14, 165, 485, 687-689, 693-695, 717, 955, 956; dificuldades, 12, 317, 476, 480, 482, 487, 697, 700, 706; fé e esperança, 209, 404-406, 685, 691, 692, 702-705, 720-722, 733, 879; amor à Cruz, 178, 204, 213, 234, 277, 302, 690, 699, 704, 718; ajuda e consolo de Nossa Senhora, 506, 508, 509, 513-516. Ver CRUZ.

UNIDADE
381, 462, 464, 480, 535, 549, 624, 830, 832, 847, 940, 947, 953-957, 960, 962, 963, 968. Ver APOSTOLADO (unidade do apostolado).

UNIDADE DE VIDA
2, 81, 82, 271, 273, 353, 367, 411, 579, 967. Ver CONTEMPLATIVOS, NORMAS DE PIEDADE e TRABALHO (santificar o trabalho).

UNIVERSALIDADE
7, 315, 525, 764, 812, 928, 947, 963-966.

VAIDADE
47, 48, 351, 352, 459, 600-602, 613, 958; vanglória, 589, 590, 592, 595, 648, 649, 780-784, 839. Ver HUMILDADE e SOBERBA.

VALENTIA
12, 18, 121, 132, 169, 237, 497, 841; na defesa da verdade, 33, 34, 54, 393, 394, 849. Ver AUDÁCIA e FORTALEZA.

VERACIDADE
Defender a verdade, 34, 54, 338, 394-398; difun-

dir a verdade, 35, 349, 833, 836; verdade e caridade, 25, 33, 398, 443, 451. Ver DOUTRINA e SINCERIDADE.

VIDA CORRENTE

Viver com naturalidade, sem chamar a atenção, 133, 379; caminho de santidade, 205, 815, 825; correspondência à graça, 362, 807, 833; e apostolado, 376, 970-975; sentido de eternidade, 279, 280, 575, 582, 737, 738, 783, 831, 832. Ver COISAS PEQUENAS, HUMILDADE, NATURALIDADE e TRABALHO.

VIDA ETERNA

29, 148, 224, 255, 355, 399, 734, 751, 754, 779, 791, 819, 949, 969; anseios de felicidade, 669, 720; esperança no céu, 139, 182, 428, 668, 737, 738, 748. Ver CÉU, ESPERANÇA, INFERNO e JUÍZO FINAL.

VIDA HUMANA

135, 224, 306, 399, 420, 692, 703, 752, 753, 783.

VIDA INTERIOR

281, 288, 341, 697; fundamento do apostolado, 105, 108, 109, 800, 833, 911, 929, 961; relacionamento com Deus, 57, 83, 283; deve manifestar-se nas obras, 330, 461; dificuldades na vida interior, 12, 59, 164, 170; perseverança, 292; Nossa Senhora e a vida interior, 272, 288, 492, 498, 502, 509, 721, 884, 900; São José, Mestre de vida interior, 560, 561. Ver APOSTOLADO (fundamento), ESPÍRITO SANTO, JESUS CRISTO (identificação com Cristo), LUTA ASCÉTICA, PIEDADE e VIDA SOBRENATURAL.

VIDA SOBRENATURAL

279-324; união com Cristo, 271, 302, 303, 314, 321, 781; viver em Cristo, 87, 288, 416,

422, 721, 882; vida de Amor, 418, 429, 433, 668, 813, 814; fé viva e atuante, 575, 577, 578, 583, 584, 586, 588, 727; visão sobrenatural, 278-280, 297, 389, 702; amor à Cruz, 180, 187, 203, 209, 218, 224, 402; vida interior, 83, 283, 294, 651, 697, 837; recolhimento, 184, 281, 304, 319, 368; presença de Deus, 89, 103, 108-110, 135, 278; ação da graça, 57, 58, 273, 286, 667, 719; a correspondência pessoal, 293, 313, 316, 317, 326; sacramentos, 211, 310, 322, 521, 533, 534; plano de vida, 77, 307, 375-377, 815; começar e recomeçar, 292, 298, 318, 325, 404, 711; unidade de vida, 81, 82, 341, 346, 347, 367, 409, 411; vida de trabalho, 335, 337, 356, 359; vibração apostólica, 412, 791, 796, 810, 842, 844, 942, 961; alegria sobrenatural, 638, 657, 659, 662, 665; Nossa Senhora e São José na vida interior, 492, 493, 513, 559-561. Ver ESPÍRITO SANTO e VIDA INTERIOR.

VIRGEM SANTÍSSIMA. Ver NOSSA SENHORA.

VIRTUDES
667, 684; teologais, 139, 152, 378, 380, 394, 667, 668, 727; humanas, 3, 19, 22, 121, 124, 180, 350, 367, 409, 410, 492, 652, 657, 960. Ver CARÁTER. Virtudes cardeais: ver PRUDÊNCIA, JUSTIÇA, TEMPERANÇA e FORTALEZA.

VIRTUDES HUMANAS
2, 121, 124, 367, 657, 858, 939, 947; fundamento das sobrenaturais, 22, 56, 133, 350, 408, 409, 853, 877, 888, 943; no apostolado, 351, 803, 849, 943, 952, 958, 973--976, 979.

VISÃO SOBRENATURAL

Sentido sobrenatural, 174, 280, 297, 424, 471, 664, 753; na vida interior, 279, 416, 473; diante das contrariedades, 363, 404-406, 415, 702; no apostolado, 837. Ver RETIDÃO DE INTENÇÃO e UNIDADE DE VIDA.

VOCAÇÃO

902-928; chamamento divino, 27, 301, 360, 801, 904; natureza e características, 665, 913, 919; resposta à vocação, 6, 122, 420, 902, 903, 964; vocação e luta ascética, 928, 986, 988, 991; fidelidade à vocação, 144, 324, 730, 909, 910, 965, 983-999.

VOCAÇÃO CRISTÃ

Chamada universal à santidade, 291, 301, 323, 327; viver como cristãos, 316, 317, 367, 375; vocação apostólica, 192, 831, 904; amor à Cruz, 178, 234, 302, 718, 726, 873; o cristão, outro Cristo, 154, 271, 310, 382, 416, 687, 842; amor ao mundo, 939; amor e fidelidade à Igreja, 338, 517-519, 522, 836; corredentores, 550, 764, 796, 801, 811, 831, 904, 982; correspondência, 255, 324, 362, 833, 903, 984; dever de rezar, 898, 953; deveres sociais do cristão, 372; espírito de serviço, 385, 440; sal e luz, 340, 379, 921; testemunho cristão, 376, 380, 831; convivência e caridade, 198, 369, 397, 451, 452, 454-457, 463, 965, 966. Ver SANTIDADE.

VONTADE

316-318, 324, 490, 718, 756, 777; fortaleza, 5, 11, 12, 21-25, 36, 44, 615; luta, 4, 19, 42, 222, 295, 320, 714; voluntariedade atual, 293, 382, 413, 757-759, 762, 763, 766.

VONTADE DE DEUS
754-778, 857, 912; identificação, amor, 156, 691, 739, 757, 762, 765, 773, 774; luta por cumpri-la, 213, 316, 478, 491, 496, 718, 756, 771, 776, 778; o exemplo de Nossa Senhora, 499, 506-509. Ver RETIDÃO DE INTENÇÃO.

Direção geral
Renata Ferlin Sugai

Direção editorial
Hugo Langone

Produção editorial
Gabriela Haeitmann
Ronaldo Vasconcelos

Capa
Gabriela Haeitmann

Diagramação
Sérgio Ramalho

ESTE LIVRO ACABOU DE SE IMPRIMIR
A 20 DE AGOSTO DE 2025,
EM PAPEL IVORY SLIM 65 g/m^2.